Zitate für besondere Anlässe

Gisela Fichtl

3. Auflage

Inhalt

Vorwort

Für viele gehört es zum beruflichen Alltag vor größerem Kreis zu sprechen. Oft sind es nur ein paar spontane Sätze, nicht selten aber sollen Sie eine kurze Ansprache oder eine ausgearbeitete Rede halten. Ob es die Präsentation eines neuen Projekts ist, die Verabschiedung eines Kollegen, ein Betriebsjubiläum oder ein runder Geburtstag – man erwartet von Ihnen passende Worte und misst Sie daran, wie souverän Sie die Situation meistern.

Mit einem passenden Zitat können Sie bei allen Redeanlässen, die sich im Berufsleben denken lassen, Sympathien gewinnen. Zitate sind stabile Bausteine für eine gute Rede – bei kurzen Reden und Ansprachen sind sie nicht selten die Eckpfeiler, auf denen Ihre Worte ruhen

In diesem TaschenGuide finden Sie Zitate für besondere Anlässe – nach Redeanlässen sortiert. So haben Sie schnell ein Zitat griffbereit, wenn Sie etwas Bestimmtes suchen. Aber nicht nur das: Oft werden Sie ein Zitat einer Situation zugeordnet finden, in der es Sie überrascht oder gar zum Lachen bringt – dieselbe Reaktion ist auch zu erwarten, wenn Sie das Zitat vor Ihrem Publikum einsetzen.

Sie erfahren in diesem TaschenGuide aber auch, was Sie beim Zitieren in einer Rede beachten müssen, um die gewünschte Wirkung zu erzielen, und wie Sie Ihr Publikum gewinnen.

Gisela Fichtl

Kleine Anleitung zum Zitieren in der Rede

Besonders wenn wir durch unsere Rede überzeugen wollen, ist es unumgänglich, dass wir unsere Meinung mit der inneren Glut vortragen, die
von echter Überzeugung gespeist wird.

Dale CarnegiePsychologe, Schriftsteller, Verkaufsgenie,
1888–1955

Die Kunst des Redens

Gute Reden zu halten sei eine Kunst – so lautet eine weit verbreitete Überzeugung. Mythos oder Fakt? Die Wahrheit liegt wohl – wie so oft – auch hier in der Mitte.

Nicht jeder ist ein geborener Redner. Aber das heißt nicht, dass man reden nicht lernen kann. Eine wichtige Voraussetzung ist zunächst einmal: Gute Reden wird nur halten, wer auch etwas zu sagen hat. Wer Reden halten muss zu Gegenständen, die ihn nichts angehen, zu Inhalten, die ihn nicht berühren, der wird seine Schwierigkeiten haben, mit einem guten Vortrag zu brillieren.

Bleiben Sie authentisch

Glücklich, wenn Sie von Ihrem Redegegenstand fasziniert sind, wenn Sie sich mit den Inhalten, die Sie vorzutragen haben, identifizieren können. Denn der beste Redner ist derjenige, der authentisch bleibt und deshalb auf rhetorische Allerweltsmittelchen oder abgedroschene Tricks verzichten kann.

Die wichtigste Arbeit, wenn Sie sich auf eine Rede vorbereiten, ist also Ihr eigener Zugriff auf das Thema. Was interessiert Sie ganz persönlich an Ihrem Redegegenstand? Was ärgert Sie in Zusammenhang damit? Die Antworten auf diese Fragen bilden die beste Basis für eine gelungene Rede.

Authentisch reden – trotz Zitat?

Und wie steht es mit dem Zitat? Ist nicht auch das Zitat ein „rhetorisches Allerweltsmittelchen", das zu Lasten der Authentizität und Originalität geht? Diese Frage ist nicht allgemeingültig zu beantworten, denn es kommt auch hier ganz auf Sie an. Für das Zitieren gilt in ganz besonderem Maße, was auch für den Redegegenstand gilt: Bleiben Sie authentisch! Verwenden Sie keine Zitate, mit denen Sie nicht wirklich etwas anfangen können.

Auf Ihre Haltung kommt es an

Ein gelungener Redeauftritt fordert neben der Authentizität auch die richtige Haltung: sich selbst gegenüber und dem Publikum gegenüber. Selbstbewusstsein, Wohlwollen und Präsenz sind dabei die zentralen Momente.

Ich oder Wir?

Immer häufiger sprechen öffentliche Redner nicht mehr von sich selbst, sie sprechen vom Unternehmen, von „wir" und „man". Damit entindividualisieren sie, was sie zu sagen haben und distanzieren sich von Ihrem Redegegenstand. Die Reden wirken standardisiert – und langweilig. Die eigene Persönlichkeit bleibt außen vor. Sicher gehört etwas mehr Mut dazu, mit einem selbstbewusst gesprochenen „Ich" eine eigene Position zu vertreten, die eigene Persönlichkeit dem Publikum zu präsentieren. Doch – seien Sie mal ehrlich – haben Sie je eine Rede gehört, die Ihnen imponiert hat, bei der der Redner nicht gerade dies gewagt hätte: die eigenen Emotionen, die eigene Beziehung zum Thema, zum Gegenstand seiner Rede zu machen?

Wie die Sympathie der Zuhörer gewinnen?

Wie gewinnt man die Sympathie der Zuhörer? Muss man sie denn überhaupt gewinnen? Eigentlich nein – denn es geht vielmehr darum, sie nicht zu verlieren! Machen Sie sich bewusst, dass die Zuhörer ja gespannt sind auf das, was Sie zu sagen haben. Diese „Vorschusslorbeeren" sollten Ihre Haltung Ihren Zuhörern gegenüber steuern.

Wenn Sie das Publikum als Gegner ansehen, als schwarze Masse, die Ihnen nur übel will, wird sich das auf Ihre Zuhörer übertragen. Es tritt der Effekt der „self-fullfilling prophecy" ein: Sie erwarten Ablehnung, das Publikum spürt Ihren Widerstand und reagiert entsprechend. Der Effekt: Sie ernten Ablehnung und fühlen sich auch noch bestätigt, nach dem Motto: „Ich habe doch gewusst, dass die mir alle nur übel mitspielen wollen."

Treten Sie Ihrem Publikum gegenüber also wohlwollend auf. Zeigen Sie Ihre Sympathie durch freundliche Blickkontakte. Am besten ist es, wenn Sie Ihre Rede als eine Art Dialog mit dem Publikum betrachten, auch wenn nur Sie selbst sprechen – das hilft auch dabei, den Inhalt der Rede Ihrem Publikum besser anzupassen.

Frei sprechen oder mit Manuskript?

Natürlich gibt es geborene Redner, Menschen, die nur den Mund aufmachen und im Nu ihre Zuhörer gewonnen haben. So viel Charisma haben aber nicht alle Menschen und manchen fehlt es einfach auch an Mut. Dennoch kann *jeder* eine gelungene Rede halten, wenn er nur etwas zu sagen hat und hinter seiner Sache steht.

Präsenz und eine emotionale Verbundenheit mit dem Thema sind dem Publikum sicher schwerer zu vermitteln, wenn man mit einem Redemanuskript arbeitet. Daher auch die häufige Forderung, frei zu sprechen. Die besten Reden, die mir je zu Ohren gekommen sind, waren tatsächlich auch frei gesprochene Reden.

Die freie Rede lässt sich deshalb so viel eindrücklicher gestalten, weil Sie auf Ihr Publikum spontan reagieren können. Sie spüren, wenn die Aufmerksamkeit wächst, die Atmosphäre im Raum gespannt wird oder sich Unruhe breit macht, und Sie können angemessen darauf reagieren.

Nicht zuletzt gehört zur Redekunst jedoch auch die Übung. Wer noch nicht oft vor Publikum gesprochen hat, sollte nicht gleich wagen frei zu sprechen. Tasten Sie sich langsam an dieses Ideal heran. Je öfter Sie Reden halten, desto knapper können die Notizen für Ihre Rede ausfallen. Irgendwann halten Sie vielleicht nur noch eine grobe Gliederung, einige Zahlenbeispiele und das eine oder andere Zitat in Händen.

Wenn schon ein Manuskript – dann richtig

Abschließend noch ein praktischer Tipp für alle, die mit Redemanuskript arbeiten: Legen Sie die Blätter möglichst auf dem Pult (oder einem Tisch) ab. Blättern Sie die Manuskriptseiten nicht um, sondern ziehen Sie die Blätter nur zur Seite. Das hat gleich mehrere Vorteile:

- Die Zuhörer sehen nicht, dass Sie wieder am Ende einer Seite angelangt sind (und kommen also auch nicht auf die Idee, ihre Aufmerksamkeit darauf zu verschwenden, wie oft Sie schon geblättert haben und wie oft Sie es wohl noch tun werden).

- Das Blättern vor dem Mikrofon führt zu unangenehmen und störenden Geräuschen, die Sie so vermeiden.

- Die Seite mit dem soeben vorgetragenen Text liegt mit der Schriftseite nach oben und erlaubt Ihnen einen schnellen, aber diskreten Blick zurück.

Wie Sie Zitate in Ihre Rede einflechten

> Ein guter Spruch ist die Wahrheit eines ganzen Buches in einem einzigen Satz.
>
> *Theodor Fontane, dt. Schriftsteller, 1819–1898*

Zitate sind die Bausteine einer guten Rede. Anfang und Schluss einer Rede bieten sich dabei besonders für Zitate an – schließlich kommt es bei beiden besonders darauf an, das

Publikum für sich einzunehmen. Achten Sie jedoch darauf – vor allem wenn Sie öfter Reden halten müssen –, nicht immer das gleiche Schema zu verwenden, sollte das auch noch so praktisch sein (vom immer gleichen Zitat ganz zu schweigen). Beginnen Sie beispielsweise nicht *jede* Ihrer Reden mit einem Zitat. Variieren Sie den Aufbau Ihrer Rede und streuen Sie Ihr Zitat (in manchen Fällen mögen es auch mehrere sein) auch mal inmitten Ihrer Rede ein.

Der Zitatenschatz als Salzstreuer

> Ein Aphorismus ist für eine lange Gedankenkette
> der kürzeste und schönste Faden.
>
> *Carl August Emge, dt. Schriftsteller, 1886–1970*

Ein geschickt eingesetztes Zitat zum richtigen Zeitpunkt kann nicht nur umständliche Erläuterungen überflüssig machen. Es lässt auch aufhorchen, weil es den gleichmäßigen Redefluss unterbricht – andere Worte, ein anderer Tonfall. Und Zitate entführen in eine andere Welt als die, von der gerade die Rede ist. Das schafft oft genau den Abstand zu einer Sache, den man braucht, um sie besser, sachlicher einzuschätzen.

Und so ist ein Zitatenschatz für die Rede, was der „Salzstreuer" für die Suppe ist, insbesondere bei *Gelegenheitsreden*, wie Geburtstagsreden oder Reden anlässlich betrieblicher Feste. Denn häufig bringen Zitate erst Schwung in eine Rede. Ihre Zuhörer merken auf und erinnern sich dank der Zäsur besser an die Argumentationskette Ihrer Rede. Gerade bei einer so genannten *Meinungsrede*, mit der Sie Ihre Zuhörer von etwas überzeugen wollen, kann diese Funktion wesentlich sein.

Am wenigsten werden Sie bei einem *Sachvortrag* bzw. einer *Informationsrede* Zitate einsetzen. Dennoch: Gerade, wenn sich Ihre Zuhörer auf eine langweilige Aufzählung von Fakten gefasst gemacht haben, kommt ein auflockerndes Zitat gut an.

Aber selbst wenn Sie gar kein Zitat in Ihrem Vortrag einsetzen wollen, denken Sie daran, dass ein Zitatenschatz auch als Materialsammlung und Ideengeber dienen kann. Vielleicht bringt Sie das Schmökern schon auf den Weg, wie Sie Ihrer Rede Struktur geben können.

Tipps für den Umgang mit Zitatenschätzen bei der Vorbereitung einer Rede

Zitatenschätze können Ihnen bei der Vorbereitung einer Rede in vielerlei Hinsicht nutzen:

- Ideen- und Materialsammlung
  Das Schmökern in einer Sammlung von Zitaten kann Ihnen die erste Panik nehmen, wenn Sie unverhofft vor die Aufgabe gestellt werden, eine Rede halten zu müssen. Denn Zitate sind „kondensiertes Wissen" und die Lektüre bringt einen häufig auf gute Ideen, eröffnet Aspekte, die man bislang nicht wahrgenommen hatte oder beleuchtet einen Gedanken von unvermuteter Seite her. Verwenden Sie Zitatensammlungen also nicht nur, um Zitate zu suchen, die

Sie in Ihre Rede einstreuen wollen, sondern auch als sprudelnde Ideenquelle!

- Quelle für die Marksteine Ihrer Rede
  Der Anfang ist ja schon sprichwörtlich schwer – dabei entscheidet der Anfang nicht selten über die Aufmerksamkeit, die Ihnen Ihre Zuhörer schenken. Auch zum Redeschluss können Zitate noch einmal einen Höhepunkt setzen, der den Zuhörern im Gedächtnis bleibt. Es lohnt sich also in der Vorbereitungsphase Zitate zu markieren, die Sie im Zusammenhang mit Ihrer Rede besonders angesprochen, amüsiert oder auch geärgert haben. Je stärker die Emotionen, die die Zitate bei Ihnen hervorgerufen haben, desto besser.

Mit Zitaten können Sie:

- eine Rede einleiten, ihr einen Wendepunkt geben oder einen pointierten Schluss verleihen,

- komplexe Argumente auf den Punkt bringen,

- mit dem Blick über den Tellerrand Sympathien gewinnen,

- Ihre Argumente von prominenter Seite unterstützen lassen,

- signalisieren, dass eine als einmalig empfundene Situation durchaus historische Parallelen kennt und andere für dieselben Probleme schon Lösungen gefunden haben,

- zeigen, dass Sie für andere Sichtweisen offen sind und sich umfassend mit dem Thema auseinander gesetzt haben.

Wie Sie Zitate geschickt einsetzen

> So ein paar grundgelehrte Zitate zieren den ganzen Menschen.
>
> *Heinrich Heine, dt. Dichter und Publizist, 1797–1856*

Damit Ihre Zitate auch so ankommen, wie Sie es sich wünschen, sollten Sie einige Grundsätze beachten. Der wichtigste sei schon vorweggenommen: Verwenden Sie nur Zitate, die zu Ihnen passen, und lassen Sie sich nicht verführen, sich mit Zitaten zu schmücken, die zwar gut klingen, die Ihnen persönlich aber eigentlich nichts sagen. Bleiben Sie authentisch, auch wenn Sie „fremde Weisheiten" aussprechen.

Angeben gilt nicht

Verwenden Sie Zitate nicht, um mit Ihrer Bildung zu prahlen, und tun Sie es vor allem nicht allzu häufig. Zitate sind ein edles, vornehmes Gewürz – aber sie sind kein Nahrungsmittel. Setzen Sie Zitate entsprechend sparsam ein, sonst werden sie nicht mehr gehört und verfehlen ihre Wirkung. Persönliche Eitelkeiten, die man ja durchaus auch haben darf, sollten Sie lieber auf anderem Terrain befriedigen, nicht aber mit *besonders* gelehrten Zitaten.

Bleiben Sie bescheiden

Vermeiden Sie Totschlag-Einleitungen à la: „Und wie schon Parmenides sagte: ..." Bereits vor dem Doppelpunkt haben Sie Ihre Zuhörer verloren und sich um einen guten Teil ihrer Sympathie gebracht. Denn in dieser Formel steckt eine arrogant wirkende Verbrüderung mit der zitierten Geistesgröße: „Parmenides und ICH denken, dass ..." Leider kann man sich mit solchen Formeln nicht zu den Geistesgrößen hinaufschwingen, die man zitiert, man zieht sie vielmehr zu sich „herab". Die gewünschte Wirkung ist damit verspielt. Besser ist die schlichtere Variante: „Parmenides sagt: ..." Sie können – statt es vorab zu sagen – auch erst nach dem Zitat den Autor nennen: „...., soweit Wilhelm Busch." Wenn Sie Ihr Zitat kommentieren wollen, ist es ohnehin besser, den Autor erst danach zu nennen: „Dieses Zitat von Parmenides eröffnet eine ganz neue Sichtweise ..." Gerade in einer Rede können Sie mit diesem kleinen Trick Spannung bei Ihren Zuhörern erreichen.

Ein souveräner Umgang mit Zitaten wirkt sympathisch. Der Fähigkeit, sich kluge Erkenntnisse anderer zu Nutze zu machen und sie gleichzeitig zu respektieren, wird selbst Respekt gezollt. In solchem Licht erscheinen Sie als gebildet und belesen.

Vorsicht Quelle!

Andererseits verzichten Sie lieber auf ein noch so überzeugendes Zitat, wenn Sie nicht genau wissen, was es mit Ihrem Zitatgeber auf sich hat, denn das kann leicht schief gehen. Wer zum Beispiel vor einer Gruppe junger Unternehmerinnen Schopenhauer zitiert, der als notorischer Frauenhasser bekannt ist, könnte mit der Wirkung Pech haben.

Das Renommee des Zitatgebers ist also wichtig. Konnte man vor dem VW-Skandal Peter Hartz noch als erfolgreichen

Personalentwickler zitieren, wird man sich heute mit seinen Statements das beste Argument kaputtmachen. Gegner greifen gerne zu Sprüchen wie: „Ja, wenn Sie mir mit dem kommen. Hat der nicht die Veruntreuung von Geldern gebilligt?" Als Trick können Sie dem erwarteten Widerspruch freilich auch vorauseilen: „Wir wissen, dass sich Schopenhauer nicht gerade als Optimist und vor allem nicht als Verehrer der Frauen einen Namen gemacht hat, doch stammt von ihm ein Gedanke, der mir in unserem Zusammenhang höchst interessant scheint ..."

Kein erhobener Zeigefinger

An dieser Stelle sei noch eine kleine Warnung angefügt: Viele der gängigen Zitate aus den Zitatenschätzen der Weltliteratur haben einen lehrhaften Duktus, den wir heute oft als unangenehm und bevormundend empfinden. Sie sollten deshalb äußerst vorsichtig mit solchen Zitaten umgehen – mag ihre Aussage noch so treffend sein. Natürlich können Sie sie trotzdem verwenden, doch sollten Sie es mit Bedacht tun, am besten, Sie beziehen sie auf sich selbst, damit es nicht nach erhobenem Zeigefinger aussieht. Auch die Flucht nach vorne ist ein probates Mittel – sagen Sie ganz offen, dass sich das Zitat recht altbacken anhört, dass dies der Wahrheit, die dahintersteckt, aber keinen Abbruch tut. Ihnen selbst können diese Zitate unbenommen als Motto für Ihre Arbeit oder gar für Ihr Leben dienen – und das dürfen Sie ruhig auch öffentlich zugeben.

Das richtige Zitat wählen

Ein gutes Zitat zu finden, ist erst der Anfang der Kunst. Es ist Ihre kreative Leistung, welche Zitate Sie für welche Situationen auswählen.

Wählen Sie nicht nur bestätigende Zitate

Oft kann ein eher langweiliges Zitat in einer bestimmten Situation gerade deshalb einschlagen, weil man es mit dem Thema zunächst nicht in Verbindung gebracht hätte. Sortieren Sie ein Zitat auch dann nicht gleich aus, wenn es quer zu Ihrer Argumentation läuft. Lassen Sie Ihre Fantasie ein wenig spielen, drehen Sie Situationen um. Wenn Sie ein Zitat gewählt haben, das gerade das Gegenteil von dem behauptet, was Sie sagen wollen, wird das die Zuhörer zunächst schockieren oder zum Lachen bringen, auf jeden Fall aber bindet es ihre Aufmerksamkeit. Wenn Sie sich dann gegen den Inhalt des Zitats absetzen, haben Sie auf elegante Weise schon einige mögliche Gegenargumente geschlagen. Spielen Sie mit der Überraschung Ihrer Gesprächspartner oder Zuhörer!

> Ein Aphorismus, der lebhaften Widerspruch auslöst, hat seinen Sinn fast ebenso wenig verfehlt wie einer, der rasche Zustimmung findet.
>
> *Joachim Günther, dt. Publizist, 1905–1990*

Stellen Sie den aktuellen Bezug her

Eine weitere Möglichkeit, sich aktive Zuhörer zu schaffen, sind aktuelle Anspielungen. Erzählen Sie, was Ihnen heute Morgen mit Ihrer Tochter passiert ist, wenn es sich als Aufhänger zu Ihrem Redegegenstand anbietet oder wenn das Erlebnis eine Idee unterstützt, die Sie vorstellen wollen. Wenn Sie an einem 22. März eine Rede halten müssen, erinnern Sie daran, dass gerade heute Goethes Todestag ist, und zitieren Sie ihn zum Thema der Rede, oder bringen Sie einen passenden Ausspruch eines Wirtschaftsvertreters, den Sie morgens in der Zeitung gelesen haben. Der Fantasie sind keine Grenzen gesetzt. Einen guten Redner – ob im kleinen Kreis oder vor vielen Zuhörern – zeichnet es gerade aus, dass er sein Thema in einen größeren Kontext einbetten kann. Und das ist keine Frage des Talents, sondern reine Übungssache. Suchen Sie ganz gezielt nach solchen „Aufhängern" und Parallelen in Ihrem Alltagsleben.

Die wichtigsten Grundregeln zum erfolgreichen Zitieren

> Den Witz eines Witzigen erzählen heißt bloß: einen Pfeil aufheben. Wie er abgeschossen wurde, sagt das Zitat nicht.
>
> *Karl Kraus, österr. Schriftsteller und Kritiker, 1874–1936*

- Setzen Sie Zitate sparsam ein.
- Vermeiden Sie Eingangsformeln in der Art „Und wie schon Kant sagte, ...", sagen Sie schlicht: „Kant sagte, ..." oder am Ende des Zitats „..., soweit Kant."
- Verwenden Sie nur Zitate, die Sie persönlich ansprechen, die Ihre Zustimmung oder Ablehnung geradezu herausfor-

dern. Wenn ein Zitat zur hohlen Phrase wird, schaden Sie Ihrer Glaubwürdigkeit.

- Beim mündlichen Zitieren gilt: je kürzer, desto einprägsamer. Verwenden Sie nur Zitate, die man ohne langes Nachdenken verstehen kann.
  Ausnahme: Wenn Sie eine Rede mit einem Zitat beginnen oder enden, kann das Zitat schon mal länger und komplexer ausfallen, Sie müssen es dann allerdings langsam und gut prononciert vortragen.

- Achten Sie darauf, wen Sie zitieren. Ein schlechter Ruf des Zitierten kann das beste Zitat zunichte machen.

- Verwenden Sie dasselbe Zitat, dieselbe Anekdote in demselben Kreis nicht häufiger. Zitate sollten immer wohl durchdacht eingesetzt werden. Wenn sie allzu häufig gebraucht werden, kann man diesen Eindruck nicht mehr erwecken, mag das Zitat auch noch so passend sein.

- Scheuen Sie sich nicht, gereimte Zitate zu verwenden oder solche, deren Sprachduktus unserem heutigen fremd ist. Solche Zitate schaffen eine wohltuende Zäsur und erhöhen die Aufmerksamkeit. Vorsicht allerdings bei Zitaten, die wie ein erhobener Zeigefinger wirken – solche Zitate müssen Sie kommentieren oder scherzhaft einfügen.

- Setzen Sie Zitate auch mal „gegen den Strich" ein, zum Beispiel Zitate, die Ihrer Position widersprechen. Überraschen Sie damit Ihre Gesprächspartner und setzen Sie dann Ihre Argumentation dagegen.

- Mit Anekdoten auch aus Ihrem Privatleben können Sie nicht nur Schwung in Reden bringen, sie eignen sich auch hervorragend, um festgefahrene Diskussionen wieder zu beleben.

Zitate über die Kunst des Redens

Einige Tipps von Rhetorikprofis von der Antike bis zur Gegenwart seien den verschiedenen Redeanlässen vorangestellt. Diese Zitate über die Kunst Reden zu halten sind jedoch *nicht nur* als Rhetoriktipps oder zum Trost gedacht: Sie können einige davon durchaus auch in Ihre Reden einflechten. Werben Sie um Sympathie für sich, indem Sie auf die Schwierigkeit Ihrer Situation oder die Ihrer Zuhörer hinweisen. In der Rhetorik nennt man dies „Captatio benevolentiae", also das Werben um das Wohlwollen der Zuhörer. Doch wie überall gilt auch hier: Kokettieren Sie nicht allzu sehr damit, Ihre eigenen (Rede-)Fähigkeiten herabzusetzen – der Schuss kann leicht nach hinten losgehen, wenn Sie nicht mit dem nötigen Humor auftreten.

Bei Reden, in denen Sie wichtige Fakten mitteilen wollen, sollten Sie auf keinen Fall Zitate über das Reden selbst einstreuen! Verwenden Sie dann lieber Zitate, die das Interesse Ihrer Zuhörer auf den Redegegenstand selbst lenken.

> Denn das Herz ist es, was den Redner macht, und die Ausdruckskraft der Empfindung.
>
> *Marcus Fabius Quintilian, röm. Redner, 30–96 n. Chr.*

Es ist ein Beweis hoher Bildung, die größten Dinge auf die einfachste Art zu sagen!

Ralph Waldo Emerson, amer. Dichter und Philosoph, 1803–1882

Dunkelheit und Undeutlichkeit des Ausdrucks ist allemal ein sehr schlimmes Zeichen.

Arthur Schopenhauer, dt. Philosoph, 1788–1860

Beispiele sind die Schwimmbojen der Logik.

*Helmar Nahr, dt. Mathematiker und
Wirtschaftswissenschaftler, 1931–1990*

Egal zu welchem Anlass Sie in aller Öffentlichkeit sprechen müssen, den Grundsatz Martin Luthers zu beherzigen, ist in jedem Falle richtig:

Ihr könnt predigen, über was Ihr wollt, aber predigt niemals über vierzig Minuten.

Martin Luther, dt. Reformator, 1483–1546

Machen Sie sich Montesquieus Weisheit zu Nutze, umso leichter wird es Ihnen fallen, Luthers Rat zu befolgen:

Je leerer ein Kopf ist, desto mehr sucht er sich zu entleeren.

Montesquieu, frz. Schriftsteller und Staatsphilosoph, 1689–1755

Nicht nur die Konzentration lässt nach einer gewissen Zeit nach, die Zuhörer geraten auch an physische Grenzen. Und was für Filme gilt, sollte auch für Reden gelten:

Die Länge eines Filmes sollte in Relation stehen zur Belastbarkeit einer menschlichen Harnblase.

Alfred Hitchcock, engl. Regisseur, 1899–1980

Eine gute Rede soll das Thema erschöpfen, nicht die Zuhörer.

Winston Churchill, brit. Politiker und Schriftsteller, 1874–1965

Am meisten Vorbereitung kosten mich immer meine spontan gehaltenen, improvisierten Reden.

Winston Churchill, brit. Politiker und Schriftsteller, 1874–1965

Was den Rednern an Tiefe mangelt, ersetzen sie durch Weitschweifigkeit.

Montesquieu, frz. Schriftsteller und Staatsphilosoph, 1689–1755

Die folgende Anekdote von Mark Twain macht deutlich, dass Sie die Begeisterungsfähigkeit Ihres Publikums nicht überstrapazieren sollten:

Statt des Pfarrers hielt ein Missionar die Sonntagspredigt, der eine großartige Stimme hatte. Er erzählte in Herz bewegenden Worten von den Nöten schwarzer Ureinwohner. Ich war so ergriffen, dass ich statt der fünfzig Cents, die ich vorhatte zu opfern, die Spende verdoppeln wollte. Die Schilderungen des Missionars wurden immer bewegender, und ich beschloss, noch mehr zu geben: zwei, drei, fünf Dollar. Schließlich war ich dem Weinen nahe. Ich fand, das gesamte Geld, das ich bei mir hatte, wäre noch zu wenig, und suchte mein Scheckbuch. Der Missionar aber redete und redete, und allmählich wurde es langweilig. Ich ließ die Idee mit dem Scheckbuch wieder fallen und ging auf fünf Dollar zurück. Der

Missionar redete. Ich dachte: Ein Dollar genügt. Der Missionar redete. Als er fertig war, legte ich zehn Cents auf den Teller.

nach Mark Twain, amer. Schriftsteller, 1835–1910

Jede Zahl in einem Vortrag halbiert die Zahl der Zuhörer.

Roman Herzog, dt. Jurist und Politiker (CDU),
1994–1999 Bundespräsident, geb. 1934

Wer vor anderen lange allein spricht, ohne den Zuhörern zu schmeicheln, erregt Widerwillen.

Johann Wolfgang von Goethe, dt. Dichter, 1749–1832

Die Grundlage der Gerechtigkeit bildet die Treue, das heißt Zuverlässigkeit und Wahrheit in Reden und Versprechen.

Marcus Tullius Cicero, röm. Staatsmann,
Redner und Philosoph, 106–43 v. Chr.

Wer so spricht, dass er verstanden wird, spricht immer gut.

Molière, frz. Komödiendichter, ca. 1622–1673

Weckt bitte keine Assoziationen, wenn Ihr sie nicht auch einschläfern könnt.

Stanislaw Jerzy Lec, polnischer Lyriker, 1909–1966

Beredsamkeit ist die Kunst, die Dinge so auszudrücken, dass die, zu denen wir sprechen, mit Vergnügen zuhören.

Blaise Pascal, frz. Philosoph und Mathematiker, 1623–1662

Die Leidenschaften sind die einzigen Redner, die immer überzeugen.

François de La Rochefoucauld, frz. Schriftsteller, 1613–1680

Wenn ihr's nicht fühlt, ihr werdet's nicht erjagen,
Wenn es nicht aus der Seele dringt
Und mit urkräftigem Behagen
Die Herzen aller Hörer zwingt.

Johann Wolfgang von Goethe, dt. Dichter, 1749–1832

Demagogie ist die Fähigkeit, die kleinsten Ideen in die größten Worte zu kleiden.

Abraham Lincoln, 16. Präsident der USA, 1809–1865

Herrlich! Etwas dunkel zwar –
Aber's klingt recht wunderbar.

Pius Alexander Wolff, , dt. Schriftsteller, 1782–1828

Und zum Gebrauch von Zitaten oder Aphorismen:

Im Herzen jedes Aphorisma, so neu oder gar paradox es sich gebärden möge, schlägt eine uralte Weisheit.

Arthur Schnitzler, österr. Schriftsteller, 1862–1931

Sprachkürze gibt Denkweite.

Jean Paul, dt. Schriftsteller, 1763–1825

Reden auf Personen

Um eine gut improvisierte Rede halten zu können, braucht man mindestens drei Wochen

Mark Twain, amer. Schriftsteller, 1835–1910

Lob, Dank, Anerkennung für besondere Leistungen

Für Dankesreden gilt ebenso wie für Festreden: Sprechen Sie möglichst kurz. Gerade bei kurzen Reden aber kommt es auf einen gekonnten Einstieg und einen pointierten Schluss an. Zitate können da gute Dienste leisten. Nutzen Sie Lob und Anerkennung als Motivationsinstrument, mit dem Sie das gesamte Betriebsklima verbessern können (vgl. auch das Kapitel „Motivationsrede" S. 71). Unter den folgenden Zitaten werden Sie auch solche finden, die Sie nutzen können, wenn Sie selbst der Geehrte sind und sich für die Ehrung bedanken möchten.

Keine Schuld ist dringender als die, Dank zu sagen.

Marcus Tullius Cicero, röm. Staatsmann, Redner und Philosoph, 106–43 v. Chr.

Eine Persönlichkeit ist der Ausgangspunkt und Fluchtpunkt alles dessen, was gesagt wird und dessen, wie es gesagt wird.

Robert Musil, österr. Schriftsteller, 1880–1942

Das Werk eines Meisters riecht nicht nach Schweiß, verrät keine Anstrengung und ist von Anfang an fertig.

James McNeill Whistler, amer.-engl. Maler, 1834–1903

Nicht, was er mit seiner Arbeit erwirbt, ist der eigentliche Lohn des Menschen, sondern was er durch sie wird.

John Ruskin, engl. Schriftsteller und Sozialphilosoph, 1819–1900

Die meisten Poeten kommen erst nach ihrem Tode zur Welt.

Georg Christoph Lichtenberg, dt. Schriftsteller, 1742–1799

Wollen Sie eine Führungskraft loben, die mit flachen Hierarchien arbeitet und es versteht, Ideen und Kritik der Mitarbeiter in sachlichen Diskussionen zu konstruktiven Ergebnissen zu führen, ist das Zitat des Autovermieters Erich Sixt geeignet:

Die größte Gefahr ist nicht, dass ich alles mache, sondern dass ich überheblich werde, dass ich mich auf irgendwelchen Erfolgen ausruhe. Gefährlich wird es, wenn meine Leute mir nicht mehr widersprechen. Ich muss den Widerspruch herausfordern.

Erich Sixt, Vorstandschef des Autovermieters, geb. 1944

Auch der innere Mensch hat Stellen, an denen er sich nicht selber kratzen kann.

Karl Heinrich Waggerl, österr. Schriftsteller, 1897–1973

Es ist einfach falsch, wenn Personalchefs behaupten, nur die Guten würden gehen, die schlechten aber bleiben. Langjährige Mitarbeiter sind unser Kapital.

Rudolf Miele, dt. Unternehmer, 1929-2004

Unternehmer sein kann man nicht lernen.
Entweder man hat's im Blut oder man wird's nie.

Max Grundig, dt. Unternehmensgründer, 1908–1989

Die wahre Ehrfurcht geht niemals aus der Furcht
hervor.

Marie von Ebner-Eschenbach, österr. Erzählerin, 1830–1916

Wollen Sie jemanden dafür loben, dass er stets sachlich ent-
scheiden konnte und sich nicht persönlichen Vorlieben ge-
beugt hat, so finden Sie in dem folgenden Rousseau-Zitat
Bestätigung:

Nichts ist gefährlicher als der Einfluss der Pri-
vatinteressen in den öffentlichen Angelegen-
heiten.

Jean-Jacques Rousseau, frz. Philosoph, 1712–1778

Der Zartheit ist die Geduld zur Erhalterin
beigegeben; der Kraft bereitet die Ungeduld oft
den Untergang.

Ernst von Feuchtersleben, österr. Schriftsteller, 1806–1849

Mich erstaunen Leute, die das Universum be-
greifen wollen, wo es schwierig genug ist, in Chi-
natown zurechtzukommen.

Woody Allen, amer. Filmregisseur und -schauspieler, geb. 1935

Dilettant sein, das heißt: seiner eigenen Einfälle
nicht wert, aber auf sie stolz sein.

Arthur Schnitzler, österr. Schriftsteller, 1862–1931

Wenn du einmal Erfolg hast, kann es Zufall sein.
Wenn du zweimal Erfolg hast, kann es Glück sein.
Wenn du dreimal Erfolg hast, so ist es Fleiß und
Tüchtigkeit.

Französisches Sprichwort

Wem Gott ein Amt gibt, dem gibt er auch Verstand – ist ein alter Scherz, den man wohl in unseren Zeiten nicht gar für Ernst wird behaupten
wollen.

Georg Wilhelm Friedrich Hegel, dt. Philosoph, 1770–1831

Der Erfolg ist eine Folgeerscheinung, niemals darf
er zum Ziel werden.

Gustave Flaubert, frz. Dichter, 1821–1880

Ich glaube deine Weisheit nur, wenn sie dir aus
dem Herzen, deine Güte nur, wenn sie dir aus
dem Verstande kommt.

Arthur Schnitzler, österr. Schriftsteller, 1862–1931

Charaktere ohne Handlung sind lahm, Handlungen ohne Charaktere blind.

Hugo von Hofmannsthal, österr. Dichter, 1874–1929

So mancher wurde von der Welt bewundert, an
dem seine Frau und sein Diener nichts Besonderes
fanden. Wenige Menschen sind noch von ihren
Hausgenossen bewundert worden.

Michel de Montaigne, frz. Schriftsteller und Moralist, 1533–1592

Gaben, wer hätte sie nicht? Talente – Spielzeug für Kinder, erst der Ernst macht den Mann, erst der Fleiß das Genie.

Theodor Fontane, dt. Schriftsteller, 1819–1898

Ein Vorgesetzter oder Mitarbeiter, der bei aller unternehmerischen Klugheit dem Menschen und nicht dem Profit die Priorität gegeben hat, der mag ex negativo mit Nietzsches Erkenntnis angemessen gewürdigt sein – denn ob Politiker oder Führungskraft spielt in diesem Falle keine Rolle:

Ein Politiker teilt die Menschheit in zwei Klassen: in Werkzeuge und Feinde. Das bedeutet, dass er nur eine Klasse kennt: Feinde.

Friedrich Nietzsche, dt. Philosoph, 1844–1900

Es sind immer nur die Schwachen, welche die Schwachen verachten.

Gertrud von Le Fort, dt. Schriftstellerin, 1876–1971

Der Mensch muss Erde unter seinen Füßen haben, sonst verdorrt ihm das Herz.

, G. vonGertrud von Le Fort, dt. Schriftstellerin, 1876–1971

Aber der Ruhm, welcher vor denen flieht, die ihn suchen, folgt denen nach, welche sich nicht um ihn bemühen.

Jakob Burckhardt, schweizer. Kulturhistoriker, 1818–1897

Das Recht des Stärkeren ist das stärkste Unrecht.

Marie von Ebner-Eschenbach, österr. Erzählerin, 1830–1916

Was uns in den Schoß fällt, fällt sehr oft unter den Tisch.

Friedl Beutelrock, dt. Schriftstellerin, 1889–1958

Schade, dass die meisten sofort aufhören zu rudern, wenn sie ans Ruder gekommen sind.

Alfred Polgar, österr. Schriftsteller und Theaterkritiker 1875–1955

Wer lächelt, statt zu toben, ist immer der Stärkere.

Japanisches Sprichwort

Seines Fleißes darf sich jedermann rühmen.

Gotthold Ephraim Lessing, dt. Schriftsteller, 1729–1781

Wer sich vornimmt, Gutes zu wirken, darf nicht erwarten, dass die Menschen ihm deswegen Steine aus dem Weg räumen.

Albert Schweitzer, dt.-frz. Arzt und Kulturphilosoph, 1875–1965

Der eine wartet, dass die Zeit sich wandelt, der andere packt sie kräftig an und handelt.

Dante Alighieri, ital. Dichter, 1265–1321

Die größte Weisheit verratet sich in der einfachen und natürlichen Einrichtung der Dinge, und man erkennt sie nicht, eben weil alles so einfach und natürlich ist.

Johann Peter Hebel, dt. Dichter, 1760–1826

Die folgenden Zitate sind vor allem dazu geeignet, auf eine Gratulation zu reagieren und sich für die Ehrung zu bedanken. Lob einigermaßen souverän anzunehmen, ist gar nicht so leicht. Der häufigste Fehler dabei ist falsche Bescheidenheit. Es wirkt meist besser, wenn man sich einfach freut und diese Freude auch zeigt. Dabei darf ruhig auch ein wenig Selbstironie mitschwingen.

> Ehrgeiz ist die letzte Zuflucht des Misserfolges.
>
> *Oscar Wilde, engl. Schriftsteller, 1856–1900*

> Die Sonne der Fürstengunst hat das mit der am Himmel gemein, dass die Menschen, die sie am wärmsten bestrahlt, gerade die schwärzesten sind.
>
> *Franz Grillparzer, österr. Schriftsteller, 1791–1872*

> Man wünscht sich selber Glück, wenn man etwas Gutes tut.
>
> *Michel de Montaigne, frz. Schriftsteller und Moralist, 1533–1592*

> Es ist leichter eine gute Gewohnheit annehmen, als sich einer schlechten zu entwöhnen.
>
> *August von Platen, dt. Dichter, 1796–1835*

> Die falsche Bescheidenheit ist die dezenteste von allen Lügen.
>
> *Chamfort, frz. Schriftsteller, 1741–1794*

Ansehen ist der gute Ruf, den man genießt, weil viele schweigen.

Lord Philip Dormer Stanhope Chesterfield, engl. Staatsmann, Vizekönig von Irland und Schriftsteller, 1694–1773

Über den Tadel sind viele erhaben; wenige über das Lob.

Carl Gustav Jochmann, dt. Schriftsteller, 1789–1830

Die Wortkargen imponieren immer. Man glaubt schwer, dass jemand kein anderes Geheimnis zu bewahren hat als das seiner Unbedeutendheit.

Marie von Ebner-Eschenbach, österr. Erzählerin, 1830–1916

Mit siebzig 'ne Jubiläumsfeier,
Artikel im Brockhaus und im Meyer ...

Theodor Fontane, dt. Schriftsteller, 1819–1898

Ich fürchte mich so vor der Menschen Wort. Sie sprechen alles so deutlich aus.

Rainer Maria Rilke, österr. Dichter, 1875–1926

Gute Einfälle sind Geschenke des Glücks.

Gotthold Ephraim Lessing, dt. Schriftsteller, 1729–1781

Unsterblichkeit ist nicht jedermanns Sache.

Kurt Schwitters, dt. Schriftsteller und Maler, 1887–1948

Wenn wir es recht überdenken, so stecken wir doch alle nackt in unseren Kleidern.

Heinrich Heine, dt. Dichter und Publizist, 1797–1856

Die Bescheidenheit, die zum Bewusstsein kommt, kommt ums Leben.

Marie von Ebner-Eschenbach, österr. Erzählerin, 1830–1916

Der Ruhm der kleinen Leute heißt Erfolg.

Marie von Ebner-Eschenbach, österr. Erzählerin, 1830–1916

Was man scheint,
Hat jedermann zum Richter,
Was man ist, hat keinen.

Friedrich Schiller, dt. Dichter, 1759–1805

Selbstliebe und Selbsthass sind die tiefsten von den irdischen produktiven Kräften.

Hugo von Hofmannsthal, österr. Dichter, 1874–1929

Man muss den Leuten nur ein bisschen verrückt vorkommen, dann kommt man schon weiter!

Wilhelm Raabe, dt. Schriftsteller, 1831–1910

Wir sind alle Würmer, nur glaube ich, dass ich ein Glühwürmchen bin.

Winston Churchill, brit. Politiker und Schriftsteller, 1874–1965

Die Aufgabe, die Sie mir übertragen wollen, ist so schwierig, dass ich nicht wage, sie abzulehnen.

Ernest Starling, amer. Arzt, 1866–1927

Sollen Sie selbst auf ein Lob reagieren, das Ihnen vielleicht etwas übertrieben scheint, zitieren Sie doch augenzwinkernd den in seiner Zeit für seine unerbittlich kritische Haltung bekannten Karl Kraus:

> Wenn die Sonne der Kultur niedrig steht, werfen selbst die Zwerge lange Schatten.
>
> *Karl Kraus, österr. Schriftsteller und Kritiker, 1874–1936 (zugeschrieben)*

> Es heißt, dass wir Könige Gottes Ebenbilder auf Erden sind. Ich habe mich daraufhin im Spiegel betrachtet. Sehr schmeichelhaft für den lieben Gott ist das nicht.
>
> *Friedrich II., König von Preußen, 1712–1786*

> Kein Vogel fliegt zu hoch, wenn er mit eigenen Schwingen fliegt.
>
> *William Blake, engl. Dichter und Maler, 1757–1827*

> Wenn Karrieren schwindelnde Höhen erreichen, ist der Schwindel häufig nicht mehr nachzuweisen.
>
> *Werner Schneyder, österr. Kabarettist, geb. 1937*

> Helft den Ehrgeizigen nicht.
>
> *Günther Eich, dt. Schriftsteller, 1907–1972*

> Manche Talente bewahren ihre Frühreife bis ins späte Alter.
>
> *Karl Kraus, österr. Schriftsteller und Kritiker, 1874–1936*

Beförderung

Eine kleine Rede zur Beförderung eines Mitarbeiters ist ähnlich einer Dankesrede. Sie finden in diesem Kapitel deshalb vorwiegend Zitate, die Sie anwenden können, wenn Sie zu Ihrer eigenen Beförderung eine kurze Ansprache zum Beispiel zum Abschied von den alten Kollegen oder zur Begrüßung der neuen halten wollen.

> Einen Titel muss der Mensch haben. Ohne Titel ist er nackt und ein gar grauslicher Anblick.
>
> *Kurt Tucholsky, dt. Schriftsteller und Journalist, 1890–1935*

> Mit den Jahren steigern sich die Prüfungen.
>
> *Johann Wolfgang von Goethe, dt. Dichter, 1749–1832*

> Nicht was der Mensch ist, was er tut, ist sein unverlierbares Eigentum.
>
> *Christian Friedrich Hebbel, dt. Dichter, 1813–1863*

> Menschen können an Elfen oder an Kobolde glauben und trotzdem als Manager oder Frauenbeauftragte ganz normal funktionieren.
>
> *Hans Peter Duerr, dt. Ethnologe, geb. 1943*

> Als Achtjähriger beschloss ich, mein Leben dem Film zu widmen. Und schon 56 Jahre später war es soweit.
>
> *Loriot (Vicco von Bülow), dt. Satiriker, geb. 1923*

Wer die Wahrheit verrät, verrät sich selbst. Es ist hier nicht die Rede vom Lügen, sondern vom Handeln gegen Überzeugung.

Novalis, dt. Dichter der Romantik, 1772–1801

Im engen Kreis verengert sich der Sinn, es wächst der Mensch mit seinen großen Zwecken.

Friedrich Schiller, dt. Dichter, 1759–1805

Wer fertig wird, dem ist nichts recht zu machen; ein Werdender wird immer dankbar sein.

Johann Wolfgang von Goethe, dt. Dichter, 1749–1832

Abwechslung macht Freude. – Variatio delectat.

Euripides, griech. Dichter, 485 oder 484–406 v. Chr.

Vor dem Friseur sind alle gleich.

Karl Kraus, österr. Schriftsteller und Kritiker, 1874–1936

Die Beförderung bedeutet nicht nur, dass man neue, interessantere Aufgaben übertragen bekommt, man verabschiedet sich auch vom alten Kollegenkreis. Eine Beförderung hat für den Beförderten selbst also meist auch einen zwiespältigen Charakter:

Mit einem heiteren und einem tränenden Auge. – With one auspicious and one dropping eye.

William Shakespeare, engl. Dramatiker, 1564–1616

Am Abend wird man klug für den vergangenen
Tag, doch niemals klug für den, der kommen mag.

Friedrich Rückert, dt. Dichter, 1788–1866

Für das Können gibt es nur einen Beweis: das Tun.

Marie von Ebner-Eschenbach, österr. Erzählerin, 1830–1916

Mensch werden ist eine Kunst.

Novalis, dt. Dichter der Romantik, 1772–1801

Das Glück deines Lebens hängt von der Beschaf-
fenheit deiner Gedanken ab.

Marc Aurel, röm. Kaiser, 121–180

Den Charakter eines Menschen erkennt man
dann, wenn er Vorgesetzter geworden ist.

Erich Maria Remarque, dt. Schriftsteller, 1898–1970

Nur die Lumpe sind bescheiden,
Brave freuen sich der Tat.

Johann Wolfgang von Goethe, dt. Dichter, 1749–1832

Der ist beglückt, der sein darf, was er ist.

Friedrich von Hagedorn, dt. Dichter, 1708–1754

Nur eins beglückt zu jeder Frist: Schaffen, wofür
man geschaffen ist.

Paul Heyse, dt. Schriftsteller, 1830–1914

Merkmal großer Menschen ist, dass sie an andere weit geringere Anforderungen stellen als an sich selbst.

Marie von Ebner-Eschenbach, österr. Erzählerin, 1830–1916

Hat man genügend Erfahrungen gesammelt, ist man zu alt, um sie auszuführen.

William Somerset Maugham, engl. Schriftsteller, 1874–1965

Die Erfahrungen sind wie Samenkörner, aus denen die Klugheit emporwächst.

Konrad Adenauer, dt. Bundeskanzler (CDU), 1876–1967

Das Glück, kein Reiter wird's erjagen,
es ist nicht dort, es ist nicht hier;
lern überwinden, lern entsagen,
und ungeahnt erblüht es dir.

Theodor Fontane, dt. Schriftsteller, 1819–1898

O Freund, werd' ja kein Wärter
An einer Eisenbahn,
Denn dieses Los ist härter
Als jeder andre Plan.

Hermann von Lingg, dt. Dichter, 1820–1905

Ohne Leistung entwickelt man sich schnell vom Häuptling zum Indianer.

Pierre Littbarski, dt. Fußballprofi, geb. 1960

Das schwere Leben ist am leichtesten zu ertragen,
wenn man sich schwere Aufgaben stellt.

Peter Rosegger, österr. Schriftsteller, 1843–1918

Sobald einer in einer Sache Meister geworden ist,
sollte er in einer anderen Sache Schüler werden.

Gerhart Hauptmann, dt. Schriftsteller, 1862–1946

Arbeit ist eine Sucht, die wie eine Notwendigkeit
aussieht.

Peter Altenberg, österr. Schriftsteller, 1859–1919

Die negativen Aspekte der Karriere, seien es die neuen Reprä-
sentationspflichten, sei es die größere Verantwortung, die
eben auch mehr Verpflichtungen zeitlicher Art mit sich
bringt, können auch Thema bei einer Beförderung sein:

Nun muss ich sitzen so fein und klar
Gleich einem artigen Kinde,
Und darf nur heimlich lösen mein Haar
Und lassen es flattern im Winde.

Annette von Droste-Hülshoff, dt. Dichterin, 1797–1848

Der Dichter Johannes R. Becher wurde zum Kulturminister
der DDR ernannt. Sein Dichterkollege Bertolt Brecht rief ihn
am Morgen seines ersten Diensttages an. „Lieber Johannes,
sitzt du schon am Schreibtisch?" „Natürlich", antwortete
Becher. „Siehst du, lieber Johannes, und ich schlaf' jetzt
weiter", erwiderte Brecht fröhlich und legte auf.

Man muss im Leben für seine Erfahrungen bezahlen. Wenn man Glück hat, bekommt man Rabatt.

Oskar Kokoschka, österr. Maler und Dichter, 1886–1980

Schwer ist zu tragen das Unglück, aber schwerer das Glück.

Friedrich Hölderlin, dt. Dichter, 1770–1843

Das Vertrauen in den Lorbeer als Küchengewürz scheint in Italien wie in Deutschland stärker ausgeprägt zu sein, als das Vertrauen in den Lorbeerkranz:

Lorbeer ist ein gutes Kraut
Für die Saucenköche;
Wer's als Kopfbedeckung wünscht,
Wisse, dass es steche.

Otto Julius Bierbaum, dt. Schriftsteller, 1865–1910

Lorbeer ist ein schnell welkendes Gemüse.

Giovanni Guareschi, ital. Schriftsteller, 1908–1968

Nicht Rosen bloß, auch Dornen hat der Himmel …

Friedrich Schiller, dt. Dichter, 1759–1805

Manche herrschen über Städte und sind Sklaven von Frauen.

Demokrit, griech. Philosoph, ca. 470–380 v. Chr.

Dem Unglück ist die Hoffnung zugesendet. Furcht soll das Haupt des Glücklichen umschweben, denn ewig wanket des Geschickes Waage.

Friedrich Schiller, dt. Dichter, 1759–1805

Glücklich, wem von allen Gaben, klaren Sinn die Götter gaben.

Sophokles, griech. Tragiker, ca. 496–406 v. Chr.

Geburtstag

Eine Geburtstagsfeier im Betrieb ist meist eine fröhliche Sache – seltene Gelegenheit, einmal ein bisschen privater zu werden. In diesem Kapitel finden Sie Zitate, mit denen Sie auf eine Gratulation zum eigenen Geburtstag reagieren können und solche, die Sie als Gratulant einsetzen können.

Je älter man wird, desto mehr ähnelt die Geburtstagstorte einem Fackelzug.

Katharine Hepburn, amer. Filmschauspielerin, 1929–1993

Der Geburtstag ist das Echo der Zeit.

Evelyn Arthur Waugh, engl. Schriftsteller, 1903–1966

Was die Zeit dem Menschen an Haar entzieht, das ersetzt sie ihm an Witz.

William Shakespeare, engl. Dramatiker, 1564–1616

Die meisten Menschen sind ungefähr so glücklich, wie sie es zu sein bereit sind.

Abraham Lincoln, 16. Präsident der USA, 1809–1865

Kein Heiliger ist so gering, dass er nicht doch darauf hielte, seine eigene Kerze zu haben.

Karl Heinrich Waggerl, österr. Schriftsteller, 1897–1973

Nicht wer wenig hat, sondern wer viel wünscht, ist arm.

Lucius Annaeus Seneca, röm. Politiker, Philosoph und Dichter, ca. 4 v. Chr. – 65 n. Chr.

Man umgebe mich mit Luxus. Auf das Notwendige kann ich verzichten.

Oscar Wilde, engl. Schriftsteller, 1856–1900

Man jagt mit vierzig Jahresringen
Wohl nicht mehr gern nach Schmetterlingen,
wenn manches hat man in reiferen Jahren
Sowohl von Welt als Kunst erfahren ...

Otto Julius Bierbaum, dt. Schriftsteller, 1865–1910

Die ersten vierzig Jahre unsers Leben liefern den Text, die folgenden dreißig den Kommentar dazu, der uns den wahren Sinn und Zusammenhang des Textes, nebst Moral und allen Feinheiten desselben, erst recht verstehen lehrt.

Arthur Schopenhauer, dt. Philosoph, 1788–1860

Man soll das Schicksal nicht mit Vorschlägen verärgern, es legt zu viel Wert auf seine eigenen Einfälle.

Karl Heinrich Waggerl, österr. Schriftsteller, 1897–1973

Die Menschen werden geboren, die Menschen sterben, und die Zeit dazwischen verbringen sie mit dem Tragen der Digitaluhren.

Douglas Adams, engl. Schriftsteller, 1952–2001

Nur die Frauen und Ärzte wissen, wie gern sich die Männer belügen lassen.

Anatole France, frz. Schriftsteller, 1844–1924

Es muss in der Seele etwas geben, ähnlich den Jahresringen der Bäume.

Gerhart Hauptmann, dt. Schriftsteller, 1862–1946

Reifer werden heißt schärfer trennen, inniger verbinden.

Hugo von Hofmannsthal, österr. Dichter, 1874–1929

Du kannst einen Elefanten festhalten, wenn er fliehen, aber nicht das kleinste Haar auf deinem Kopfe, wenn es fallen will.

Gerhart Hauptmann, dt. Schriftsteller, 1862–1946

Keine Grenze verlockt uns mehr zum Schmuggeln, als die Altersgrenze.

Karl Kraus, österr. Schriftsteller und Kritiker, 1874–1936

Dass Verstand mit den Jahren kommt, sieht man nicht eher ein, als bis der Verstand und die Jahre da sind.

Jean Paul, dt. Schriftsteller, 1763–1825

Unglückliches Geschick der Menschen! Kaum ist der Geist zu seiner Reife gelangt, beginnt der Körper dahinzuwelken.

Montesquieu, frz. Schriftsteller und Staatsphilosoph, 1689–1755

Auch ich war ein Jüngling mit lockigem Haar. An Mut, wie an Hoffnung reich.

Albert Lortzing, dt. Operettenkomponist, 1801–1851

Hat einer dreißig Jahr vorüber,
So ist er schon so gut wie tot.

Johann Wolfgang von Goethe, dt. Dichter, 1749–1832

Es tritt der Mensch in jedes Alter als Novize ein.

Chamfort, frz. Schriftsteller, 1741–1794

Ich weiß, dass meine Geburt ein Zufall, ein lachhaftes Akzidens ist, und dennoch: sobald ich mich gehen lasse, führe ich mich auf, als wäre sie ein Ereignis erster Ordnung, unentbehrlich für den Fortgang und das Gleichgewicht der Welt.

E. M. Cioran, frz.-rumän. Essayist und Philosoph, 1911–1995

Ich habe ganz einfache Bedürfnisse: Ich bin immer mit dem Besten zufrieden.

Oscar Wilde, engl. Schriftsteller, 1856–1900

Der Mensch wird schließlich mangelhaft.
Die Locke wird hinweggerafft.

Wilhelm Busch, dt. Dichter und Maler, 1832–1908

Der Öffentlichkeit Einzelheiten über mich selbst mitzuteilen, ist eine bourgeoise Versuchung, der ich stets widerstanden habe.

Gustave Flaubert, frz. Dichter, 1821–1880

Ich bin jung, mein Herz ist voll Schwung, soll niemand drin wohnen als Mao Tse Tung.

Robert Gernhardt, dt. Schriftsteller, 1937–2006

Am Anfang gehören alle Gedanken der Liebe. Später gehört dann alle Liebe den Gedanken.

Albert Einstein, dt. Physiker, 1879–1955

Die Fortschritte der Medizin sind ungeheuer – man ist sich seines Todes nicht mehr sicher.

Hermann Kesten, dt. Schriftsteller, 1900–1996

Es reden und träumen die Menschen viel
Von bessern künftigen Tagen,
Nach einem glücklichen goldenen Ziel
Sieht man sie rennen und jagen.

Friedrich Schiller, dt. Dichter, 1759–1805

Wenige Leute verstehen es, alt zu werden.

François de La Rochefoucauld, frz. Schriftsteller, 1613–1680

Rosenzeit! Wie schnell vorbei,
Schnell vorbei
Bist du doch gegangen!

Eduard Mörike, dt. Dichter, 1804–1875

Man hat es so leicht, seine Erinnerungen zu schreiben, wenn man ein schlechtes Gedächtnis hat.

Arthur Schnitzler, österr. Schriftsteller, 1862–1931

Sooft man das Haus für Neujahr mit Kiefern schmückt, setzt man einen Meilenstein auf dem Wege zur Unterwelt.

Japanisches Sprichwort

Hochzeit

Mitarbeitern oder Kollegen zur Hochzeit zu gratulieren, ist immerhin ein schöner Anlass und doch gerät man im konkreten Fall leicht ins Stottern. Man will nicht zu steif, nicht zu flapsig und nicht zu langweilig sein – und die abgegriffenen Warnungen vor der Ehe kommen ohnehin zu spät. Hier finden Sie Stoff für Ihre Gratulationsrede, mit dem Sie auch ruhig ein wenig spielen können.

Was ist die Jugend? Ein Traum. Was ist Liebe? Der Inhalt des Traumes.

Søren Kierkegaard, dän. Philosoph, 1813–1855

Die Ehe ist und bleibt die wichtigste Entdeckungsreise, die der Mensch unternehmen kann.

Søren Kierkegaard, dän. Philosoph, 1813–1855

Soweit die Erde Himmel sein kann, soweit ist sie es in einer glücklichen Ehe.

Marie von Ebner-Eschenbach, österr. Erzählerin, 1830–1916

Seine Freude in der Freude des anderen finden können, das ist das Geheimnis des Glücks.

Georges Bernanos, frz. Dichter, 1888–1948

Die Ehe funktioniert am besten, wenn beide Partner ein bisschen unverheiratet bleiben.

Claudia Cardinale, ital. Schauspielerin, geb. 1939

Denn das Glück, geliebt zu werden, ist das höchste Glück auf Erden.

Johann Gottfried Herder, dt. Philosoph und Dichter, 1744–1803

Die Menschen kommen durch nichts den Göttern näher, als wenn sie Menschen glücklich machen.

Marcus Tullius Cicero, röm. Staatsmann, Redner und Philosoph, 106–43 v. Chr.

Die Ehe ist kein Fertighaus, sondern ein Gebäude, an dem ständig konstruiert und repariert werden muss.

Jean Gabin, frz. Schauspieler, 1904–1976

Wer keinen Humor hat, sollte nicht heiraten.

Eduard Mörike, dt. Dichter, 1804–1875

Welch ein Glück, geliebt zu werden! Und lieben, Götter, welch ein Glück!

Johann Wolfgang von Goethe, dt. Dichter, 1749–1832

Über die Liebe lächelt man nur so lange, bis sie einen selber erwischt.

Eleonora Duse, ital. Schauspielerin, 1858–1924

Die Liebe ist so unproblematisch wie ein Fahrzeug. Problematisch sind nur die Lenker, die Fahrgäste und die Straße.

Franz Kafka, österr. Schriftsteller, 1883–1924

Die Liebe ist der Endzweck der Weltgeschichte, das Amen des Universums.

Novalis, dt. Dichter der Romantik, 1772–1801

Wer die Einsamkeit fürchtet, sollte nicht heiraten.

Anton Tschechow, russ. Schriftsteller, 1860–1904

Glück in der Ehe ist allein eine Sache des Zufalls.

Jane Austen, engl. Schriftstellerin, 1755–1817

Das Glück ist nur die Liebe, die Liebe ist das Glück.

Adelbert von Chamisso, dt. Dichter, 1781–1838

Liebe ist das charmanteste Unglück, das uns zustoßen kann.

Curt Goetz, Schauspieler und Schriftsteller, 1888–1960

Der ideale Ehemann ist ein unbestätigtes Gerücht.

Brigitte Bardot, frz. Schauspielerin, geb. 1934

Heirat ist die einzige lebenslange Verurteilung, bei der man wegen schlechter Führung begnadigt werden kann.

Alfred Hitchcock, engl. Regisseur, 1899–1980

Abschied/Pensionierung

Die folgenden Zitate können Sie einsetzen, wenn Sie selbst die Stelle wechseln oder Ihren Ruhestand antreten und eine Abschiedsrede halten wollen oder wenn Sie einem Kollegen für seine langjährige Mitarbeit danken wollen. Bei vielen dieser Zitate gehört eine gehörige Portion Selbstironie dazu, sie in diesem Kontext zu verwenden – doch Heiterkeit ist sicherlich nicht die schlechteste Methode, die Ambivalenz, die in jedem Abschied steckt, elegant zu überbrücken.

> Es muss das Herz bei jedem Lebensrufe
> Bereit zum Abschied sein und Neubeginne,
> Um sich in Tapferkeit und ohne Trauern
> In andre, neue Bindungen zu geben.
> Und jedem Anfang wohnt ein Zauber inne,
> der uns beschützt und der uns hilft zu leben.
>
> *Hermann Hesse, dt. Dichter, 1877–1962*

Ein Abschied schmerzt immer, auch wenn man sich schon lange darauf freut.

Arthur Schnitzler, österr. Schriftsteller, 1862–1931

Das einzige Mittel gegen Geburt und Tod besteht darin, die Zeit zwischendurch zu nutzen.

George Santayana, amer. Philosoph und Dichter, 1863–1952

Doppelt lebt, wer auch Vergangenes genießt.

Martial, röm. Dichter, ca. 30–103

Arbeit ist oft die einzige Erholung von der Last des Daseins.

Peter Rosegger, österr. Schriftsteller, 1843–1918

Auf eine letzte Wahrheit gebracht: Die Arbeit ist weniger langweilig als das Vergnügen.

Charles Baudelaire, frz. Dichter, 1821–1867

Ich möchte ewig leben. Und sei es nur, um zu sehen, dass die Menschen in hundert Jahren dieselben Fehler machen wie ich.

Winston Churchill, brit. Politiker und Schriftsteller, 1874–1965

Man kann nie etwas Vernünftiges leisten, es sei denn, man hat einen längeren Zeitraum ohne Unterbrechung zur Verfügung.

Cyril Northcote Parkinson, engl. Historiker und Publizist, 1909–1993

Der Besitz macht uns nicht halb so glücklich, wie uns der Verlust unglücklich macht.

Jean Paul, dt. Schriftsteller, 1763–1825

Jede Zeit ist umso kürzer, je glücklicher man ist.

Plinius der Jüngere, röm. Politiker und Schriftsteller, 61 oder 62–113

Am Abend schätzt man erst das Haus.

Johann Wolfgang von Goethe, dt. Dichter, 1749–1832

Solange ich denken kann, gingen die Uhren immer zu schnell.

Marie Luise Kaschnitz, dt. Schriftstellerin, 1912–1974

Je schwerer sich ein Erdensohn befreit,
Je mächt'ger rührt er unsre Menschlichkeit.

Conrad Ferdinand Meyer, schweizer. Dichter, 1825–1898

Bedenke stets, dass alles vergänglich ist, dann wirst du im Glück nicht zu fröhlich und im Leid nicht zu traurig sein.

Sokrates, griech. Philosoph, ca. 470–399 v. Chr.

Wir arbeiten nicht nur, um etwas zu produzieren, sondern auch, um der Zeit einen Wert zu geben.

Eugène Delacroix, frz. Maler, 1798–1863

Kein Mensch ist unersetzbar in Geschäften.

Wilhelm von Humboldt, dt. Philosoph, 1767–1835

Der Hang, von uns selbst zu sprechen und unsere Fehler in einem Licht zu zeigen, das wir für wünschenswert halten, macht einen Teil unserer Offenheit aus.

François de La Rochefoucauld, frz. Schriftsteller, 1613–1680

Die größte Kulturleistung eines Volkes sind die zufriedenen Alten.

Japanische Weisheit

Voltaire hat es auf den Punkt gebracht, welche Unwägbarkeiten der Rückzug aus dem Berufsleben mit sich bringen kann, welche nicht unbeträchtliche Aufgabe also vor Ihnen steht:

> Die Arbeit hält drei große Übel fern: die Langeweile, das Laster und die Not.
>
> *Voltaire, frz. Schriftsteller und Philosoph, 1694–1778*

> Jung sein ist schön, alt sein ist bequem.
>
> *Marie von Ebner-Eschenbach, österr. Erzählerin, 1830–1916*

> O wünsche nichts vorbei und wünsche nichts zurück! Nur ruhiges Gefühl der Gegenwart ist Glück.
>
> *Friedrich Rückert, dt. Dichter, 1788–1866*

> Wie bei einem Theaterstück kommt es im Leben nicht darauf an, wie lange es dauert, sondern wie gut es gespielt wird.
>
> *Lucius Annaeus Seneca, röm. Politiker, Philosoph und Dichter,*
> *ca. 4 v. Chr. – 65 n. Chr.*

> Revolutionäre gehen nie in Pension.
>
> *Fidel Castro, kubanisches Staatsoberhaupt, geb. 1926*

> Alte Zeiten, linde Trauer, und es schweifen leise Schauer wetterleuchtend durch die Brust.
>
> *Joseph von Eichendorff, dt. Dichter, 1788–1857*

Eine Anekdote erzählt, dass Eisenhower, als er gefragt wurde, was er denn in seinem Ruhestand vorhabe, antwortete:

> Ich werde mich auf einen Schaukelstuhl auf die Veranda setzen. Nach einem Monat fange ich vielleicht an, ganz langsam zu schaukeln.
>
> *Dwigth D. Eisenhower, 34. Präsident der USA, 1890–1969*

> Alle Menschen zerfallen, wie zu allen Zeiten so auch jetzt noch, in Sklaven und Freie; denn wer von seinem Tage nicht zwei Drittel für sich hat, ist ein Sklave, er sei übrigens wer er wolle: Staatsmann, Kaufmann, Beamter, Gelehrter.
>
> *Friedrich Nietzsche, dt. Philosoph, 1844–1900*

> Ich habe genossen das irdische Glück, ich habe gelebt und geliebet!
>
> *Friedrich Schiller, dt. Dichter, 1759–1805*

> Arbeit ist eine Art Gefängnis. Wie viele schöne Dinge gehen vorbei, die zu sehen sie hindert.
>
> *Paul Valéry, frz. Schriftsteller, 1871–1945*

> Des Menschen Lage ist so, dass er im Allgemeinen dankbar sein muss, wenn sein Leben langweilig ist.
>
> *Erich Brock, dt. Schriftsteller, 1889–1976,*

> Im Grunde nimmt man jeden Tag von irgendetwas Abschied, ohne es zu wissen.
>
> *Lion Feuchtwanger, dt. Schriftsteller, 1884–1958*

Erinnerungsfälschung, das ist die ohnmächtige Rache, die unser Gedächtnis an der Unwiderruflichkeit alles Geschehens nimmt.

Arthur Schnitzler, österr. Schriftsteller, 1862–1931

Zum Abschiednehmen just das rechte Wetter, grau wie der Himmel steht vor mir die Welt.

Joseph Victor von Scheffel, dt. Schriftsteller, 1826–1886

Die Zeit ist immer reif, es fragt sich nur wofür.

François Mauriac, frz. Schriftsteller, 1885–1970

Es ist immer schmerzlich, von Leuten zu scheiden, die man erst kurze Zeit kennt.

Oscar Wilde, engl. Schriftsteller, 1856–1900

Kleinigkeiten im Leben ersetzen uns die „großen Ereignisse". Das ist ihr Wert, wenn man ihn begreift.

Peter Altenberg, österr. Schriftsteller, 1859–1919

Greise geben gern gute Lehren, um sich zu trösten, dass sie nicht mehr imstande sind, schlechte Beispiele zu geben.

François de La Rochefoucauld, frz. Schriftsteller, 1613–1680

Wer zufrieden ist, ist reich.

Lao Tse, chin. Philosoph, 6. Jh. v. Chr.

Wenn die Situation locker genug ist, können Sie mit etwas Humor Alfred Polgar sprechen lassen:

> Ruhm bedeutet vor allem, dass man zum richtigen Zeitpunkt stirbt.
>
> *Alfred Polgar, österr. Schriftsteller und Theaterkritiker 1875–1955*

> Abschiedsworte müssen kurz sein wie Liebeserklärungen.
>
> *Theodor Fontane, dt. Schriftsteller, 1819–1898*

> Meistens hat, wenn zwei sich scheiden, einer etwas mehr zu leiden.
>
> *Wilhelm Busch, dt. Dichter und Maler, 1832–1908*

> Wenn einer für universell gebildet gilt, hat er vielleicht noch eine große Chance im Leben: dass er es am Ende doch nicht ist.
>
> *Karl Kraus, österr. Schriftsteller und Kritiker, 1874–1936*

> Die Menschen bewohnen und bewegen das große Tretrad des Schicksals und glauben darin, sie steigen, wenn sie gehen.
>
> *Jean Paul, dt. Schriftsteller, 1763–1825*

Reden vor größerem Kreis

Eine gute Rede soll das Thema erschöpfen,
nicht die Zuhörer.

Winston Churchill, brit. Politiker und Schriftsteller 1874–1965

Präsentation

Mit Präsentationen wollen wir unser Publikum gewinnen – für eine neue Marketingstrategie, eine veränderte Produktgruppe, für die Unternehmensphilosophie oder die Eröffnung einer neuen Filiale. Wer andere für sich und seine Sache einnehmen will, darf sich nicht nur als Spezialist und Fachmann präsentieren, sondern immer auch als Mensch. Sprechen Sie von Ihren persönlichen Erfahrungen, erzählen Sie von dem einen oder anderen Malheur bei der Produktentwicklung, fesseln Sie Ihre Zuhörer mit Ihrer persönlichen Offenheit *und* Ihrer Sachkenntnis. Denn schließlich soll auf Ihre Rede ja nicht Kurt Tucholskys weiser Spruch zutreffen:

> Fix und fertig liegen die Phrasen in den Gehirnfächern, ein kleiner Anlass, ein Kurzschluss der Gedanken, und heraus flitzt der Funke der Dummheit ...

Kurt Tucholsky, dt. Schriftsteller und Journalist, 1890–1935

Wenn Sie im Präsentieren noch unsicher sind, versuchen Sie von den Fehlern anderer zu lernen: Warum haben Sie sich bei Präsentationen von Kollegen gelangweilt, was hat Sie gestört?

Zitate und Anekdoten sind bei Präsentationen höchst wertvoll. Suchen Sie sich ein Zitat, das Sie selbst stark anspricht und Ihre persönliche Meinung widerspiegelt. Auch Zitate, die Ihren Argumenten extrem zuwiderlaufen, können Sie gut einsetzen. Wichtig ist, dass Sie mit Herz und Verstand für Ihre Sache sprechen.

Man glaubt gar nicht, wie schwer es oft ist, eine
Tat in einen Gedanken umzusetzen!

Karl Kraus, österr. Schriftsteller und Kritiker, 1874–1936

Die Macht ist die Königin der Welt und nicht die
Meinung der Leute. Aber die Meinung ist es, die
die Macht gebraucht. Und es ist die Macht, welche die Meinung macht.

Blaise Pascal, frz. Philosoph und Mathematiker, 1623–1662

Die entscheidende Frage für ein Unternehmen ist
letztlich immer: Wie lässt sich gewährleisten,
zum richtigen Zeitpunkt mit innovativen und
kundengerechten Produkten am Markt zu sein?
Ein Patentrezept gibt es dafür nicht. Die Entfesse-
lung der Kreativität und des Engagements der
Mitarbeiter ist eine Voraussetzung.

Heinrich von Pierer, Vorstandsvorsitzender der Siemens AG,
geb. 1941

Die entscheidende Triebkraft des heute globalen
Wettbewerbs ist die Geschwindigkeit, mit der
Ideen in Produkte umgesetzt werden. Dem Kick
folgt der Blick – auf die Märkte. Dieses Talent, die
Marktfähigkeit einer neuen Problemlösung zu
erahnen und abzuschätzen, ist das Sahnehäub-
chen auf der Kreativität.

Ron Sommer, 1995-2002 Vorstandsvorsitzender der Deutschen
Telekom AG, geb. 1949

Die Tiefe muss man verstecken. Wo? An der Oberfläche.

Hugo von Hofmannsthal, österr. Dichter, 1874–1929

Man bauet selten seine Meinung auf festem Grunde, man baut sie in die Luft, gibt dem Zimmerwerke schwache Stützen, und erst wenn man mit dem Dache fertig ist, unterwölbt man das Gebäude. Auch vor dem gerechten Urteile geht oft ein Vorurteil her.

Ludwig Börne, dt. Schriftsteller, 1786–1837

Vielleicht ist die Sache, die Sie in Ihrer Rede präsentieren, nicht ganz so geradlinig zum Ziel gelangt, wie gewünscht. Möglicherweise wurden aus politischen Erwägungen zunächst sachliche Fehlentscheidungen getroffen, die später korrigiert wurden. Nun – auch Voltaire ist dieses Problem schon wohlbekannt:

Die erhabenste Versammlung, sobald sie sich vom Parteigeist hinreißen lässt, begeht immer mehr Fehler als ein einzelner Mann.

Voltaire, frz. Schriftsteller und Philosoph, 1694–1778

Schlendrian und Pedantismus in der Kunst urteilen immer nach Gattungen, diese billigen, die verwerfen sie; der offene Kunstsinn aber kennt keine Gattungen, sondern nur Individuen.

Franz Grillparzer, österr. Schriftsteller, 1791–1872

Alles Politisieren, auch bei den größten Staatsmännern, ist Improvisieren auf gut Glück.

Friedrich Nietzsche, dt. Philosoph, 1844–1900

Heute ist die Utopie vom Vormittag die Wirklichkeit vom Nachmittag.

Truman Capote, amer. Schriftsteller, 1924–1984

Alles Beweisen besteht eigentlich darin, dass man den Zusammenhang des zu beweisenden Satzes mit einem andern deutlich macht, der selbst keines Beweises bedarf.

Franz Grillparzer, österr. Schriftsteller, 1791–1872

Über die Angebotsfülle der Kommunikationsgesellschaft von morgen – die schon heute begonnen hat – müssen die Bürger nicht nur als „User", sondern vor allem als freie Individuen informiert werden. Bei vielen dominieren Unsicherheit und Furcht. Aber alle Erfahrungen aus den Zeiten des Wandels belegen, dass die Furchtsamkeit schmilzt, je näher man der Innovation kommt.

Ron Sommer, 1995–2002 Vorstandsvorsitzender der Deutschen Telekom AG, geb. 1949

Nichts auf der Welt ist so mächtig wie eine Idee, deren Zeit gekommen ist.

Victor Hugo, frz. Dichter, 1802–1885

Es ist wahres Gift für eine Erfindung, wenn sie zu früh und zu schnell auf den offenen Markt getrieben wird! Der Rückschlag bleibt nicht aus und zerstört auch den gesunden Kern, der Zeit zum Wachsen braucht und Ruhe.

Werner von Siemens, dt. Unternehmer, 1816–1892

Wenn sich Friedrich Schlegel im 19. Jahrhundert den folgenden Vergleich erlauben durfte, warum nicht ein Manager des 20. Jahrhunderts? Die Präsentation eines neuen Produkts steht zur Planung meist in ähnlichem Verhältnis:

Das Druckenlassen verhält sich zum Denken wie eine Wochenstube zum ersten Kuss.

Friedrich Schlegel, dt. Dichter, 1772–1829

Erfolg hat nur, wer etwas tut, während er darauf wartet.

Thomas Alva Edison, amer. Erfinder, 1847–1931

Dies ist ein kleiner Schritt für einen Menschen, aber ein Riesenschritt für die Menschheit.

Neil Armstrong, amer. Astronaut, geb. 1930

Mit Blitzen kann man die Welt erleuchten, aber keinen Ofen heizen.

Christian Friedrich Hebbel, dt. Dichter, 1813–1863

Intelligenz lässt sich nicht am Weg, sondern nur am Ergebnis feststellen.

Garry Kasparow, russ. Schachspieler, geb. 1963

Nur Richtung ist Realität, das Ziel ist immer eine Fiktion, auch das erreichte – und dieses oft ganz besonders.

Arthur Schnitzler, österr. Schriftsteller, 1862–1931

Der Einzug der PCs in die Arbeitswelt hat das Ausdrucken nichts sagender Charts mit ihren vielen ins Leere zeigenden Pfeilen leider so vereinfacht, dass auch weniger Begabte in der Lage sind, ihre Umwelt mit einem Haufen Papier zu beeindrucken. Oft möchte ich schon am Beginn solcher Präsentationen den Vortragenden fragen: „Haben Sie Folien oder haben Sie etwas zu sagen?"

Theo Lieven, Mitgründer der VOBIS AG, geb. 1952

Eine Erkenntnis geht manchmal über uns nieder wie Wolkenbruch über eine Landschaft – man erkennt sie nachher nicht wieder.

Emil Gött, dt. Schriftsteller, 1864–1908

Die Idee braucht die Kritik wie die Lunge den Sauerstoff.

José Ortega y Gasset, span. Kulturphilosoph, 1883–1955

Alles Denken ist Zurechtmachen.

Christian Morgenstern, dt. Schriftsteller, 1871–1914

Eng ist die Welt, und das Gehirn ist weit, leicht beieinander wohnen die Gedanken, doch hart im Raume stoßen sich die Sachen.

Friedrich Schiller, dt. Dichter, 1759–1805

Antrittsrede

Mit Ihrer Antrittsrede können Sie viel erreichen, wenn es Ihnen gelingt, die Sympathie Ihrer Zuhörer zu gewinnen. Schließlich sind Sie auf die Kooperationsbereitschaft Ihrer künftigen Mitarbeiter angewiesen. Je natürlicher Sie auftreten, desto besser wird Ihnen dies gelingen. Zerstreuen Sie mögliche Ängste und stillen Sie die Neugier Ihrer Zuhörer. Schildern Sie Ihren Lebensweg bildhaft und exemplarisch, eine trockene, lückenlose Aufzählung Ihrer beruflichen Erfolge kommt weniger gut an. Zitate können Sie bei Antrittsreden zur Auflockerung einsetzen, indem Sie Ihre Zuhörer zum Lachen bringen. Oder Sie bringen mit einem Zitat auf den Punkt, was Ihnen persönlich und beruflich wichtig ist (siehe auch Kapitel „Firmenübergabe" S. 67).

> Ehren entehren. Titel setzen herab. Ein Amt verblödet.
>
> *Gustave Flaubert, frz. Dichter, 1821–1880*

> Das höchste Ziel des Kapitals darf es nicht sein, Geld zu verdienen, sondern der Einsatz von Geld zur Verbesserung des Lebens.
>
> *Henry Ford, amer. Automobilhersteller, 1863–1947*

> Wer nur um Gewinn kämpft, erntet nichts, wofür es sich lohnt zu leben.
>
> *Antoine de Saint-Exupéry, frz. Schriftsteller, 1900–1944*

Sollten Sie mit ideolgischen Lagern zu tun haben und fürchten, man schlägt sie dem einen oder anderen zu, was beides Ihrer Haltung zuwiderläuft, so sprechen Sie doch mit Karl Marx:
Alles was ich weiß: Ich bin kein Marxist!

Karl Marx, dt. Philosoph und Politiker, 1818–1883

Ich hab nur einen Grundsatz, und das ist der, gar keinen Grundsatz zu haben. Grundsätze sind enge Kleidungsstücke, die einen bei jeder freien Bewegung genieren.

Johann Nestroy, österr. Dramatiker, 1801–1862

Über einen Regenten muss man kein Urteil haben, als bis er zwanzig Jahre regiert hat.

Johann Gottfried Seume, dt. Dichter, 1763–1810

Sie wollen bei Ihrer Antrittsrede klarmachen, dass Ihnen die Kontinuität am Herzen liegt? Vielleicht möchten Sie mit Cicero eventuelle Ängste offen ansprechen:

Und wenn Ihr die Geschichte fremder Völker lesen und hören wollt, so werdet Ihr finden, dass die größten Staaten von jungen Männern erschüttert, von alten hingegen aufrechterhalten und wiederhergestellt worden sind.

Marcus Tullius Cicero, röm. Staatsmann, Redner und Philosoph, 106–43 v. Chr.

Die Vergangenheit und die Gegenwart sind unsere
Mittel. Die Zukunft allein ist unser Zweck.

Blaise Pascal, frz. Philosoph und Mathematiker, 1623–1662

Fortschritt: die bekannten alten Sorgen gegen
unbekannte neue, noch kompliziertere Sorgen
eintauschen.

José Ortega y Gasset, span. Kulturphilosoph, 1883–1955

Der Schlüssel zum Erfolg sind nicht Informatio-
nen. Das sind Menschen.

Lee Iacocca, amer. Industriemanager, geb. 1924

Ernte heute, und vertraue so wenig auf morgen
wie nur möglich.

Horaz, röm. Dichter, 65–8 v. Chr.

Ich habe niemals einen wirklich großen Ge-
schäftsmann gesehen, dem das Verdienen die
Hauptsache war.

Walther Rathenau, dt. Industrieller und Politiker, 1867–1922

Der Sieg über die Angst, das ist auch ein Glücks-
gefühl, in dem ich mir nahe bin.

Reinhold Messner, ital. Bergsteiger, geb. 1944

Wenn Sie wissen oder auch nur ahnen, dass Sie von Ihren
künftigen Mitarbeitern mit großer Skepsis erwartet werden,
hilft oft die Flucht nach vorne, um sich Sympathien zu errin-
gen. Der bittere Menschenhasser und Pessimist Schopenhauer ist da eine wunderbare Quelle. Sprechen Sie also die

Hoffnung aus, für Ihre Mitarbeiter doch den einen Fall dar-
zustellen, der wider alle Erwartung positiv ausfällt:

> Der Anblick und die Bekanntschaft eines jeden
> neuen Menschen gibt, in 100 Fällen gegen einen,
> nichts als ein ganz neues, wirklich originales Bei-
> spiel eines compositi von Hässlichkeit, Plattheit,
> Gemeinheit, Verkehrtheit, Dummheit, Bosheit, mit
> einem Wort Widerlichkeit und Abscheulichkeit.

> *Arthur Schopenhauer, dt. Philosoph, 1788–1860*

Firmenübergabe

Bei einer Firmenübergabe gibt es häufig mehrere Reden: Der
bisherige Firmenchef zieht Bilanz und wünscht eine erfolgreiche Zukunft, der künftige Chef lobt die Verdienste seines
Vorgängers und stellt sich vor. Möglicherweise spricht auch
ein Vertreter der Belegschaft, um den alten Chef zu verab-
schieden und den neuen zu begrüßen. Welche Rolle dabei
auch immer die Ihre ist – im Folgenden finden Sie Zitate, die
Ihrer Rede Struktur verleihen können. Weitere einschlägige
Zitate finden Sie in den Kapiteln „Antrittsrede" (S. 64), „Ab-
schied/Pensionierung" (S. 50) sowie im Kapitel „Lob, Dank,
Anerkennung für besondere Leistungen" (S. 26).

Den Dingen, mit denen du durch das Schicksal verkettet bist, denen passe dich an. Und die Menschen, mit denen dich das Geschick zusammengestellt hat, die habe lieb, aber von Herzen!

Marc Aurel, röm. Kaiser, 121–180

Die Politik ist keine Wissenschaft, wie viele der berühmten Herren Professoren sich einbilden, sie ist eben eine Kunst ...

Otto von Bismarck, dt. Politiker, 1815–1898

... ich stehe allerdings auf den Schultern der Vorfahren, aber auch auf den Schultern derselben stehe ich doch noch auf meinen eigenen Beinen.

Ludwig Feuerbach, dt. Philosoph, 1804–1872

Als ich 14 Jahre alt war, war mein Vater so dumm, dass ich ihn kaum aushalten konnte. Im Alter von 21 stellte ich mit Erstaunen fest, dass er in sieben Jahren eine Menge gelernt hatte.

Mark Twain, amer. Schriftsteller, 1835–1910

Konflikte zwischen Senior und Junior sind keine Schande, sondern Notwendigkeit – wenn sie offen und fair ausgetragen werden.

Randolf Rodenstock, Aufsichtsratsvorsitzender
der Rodenstock GmbH, geb. 1948

Der bejahrte Murrkopf, welcher fest glaubt, dass in seiner Jugend die Welt viel ordentlicher und die Menschen besser gewesen wären, ist ein Phantast in Ansehung der Erinnerung.

Immanuel Kant, dt. Philosoph, 1724–1804

Wer gut herrscht, muss einst gehorcht haben.

Marcus Tullius Cicero, röm. Staatsmann, Redner und Philosoph, 106–43 v. Chr.

Man kann niemanden überholen, wenn man in seine Fußstapfen tritt.

François Truffaut, frz. Filmregisseur, 1932–1984

Regierungen sind Segel, das Volk ist Wind, der Staat ist Schiff, die Zeit ist See.

Ludwig Börne, dt. Schriftsteller, 1786–1837

Die Tugend ist immer im Fortschreiten und hebt doch auch immer von vorne an.

Immanuel Kant, dt. Philosoph, 1724–1804

Kein Weiser jammert um den Verlust, er sucht mit freud'gem Mut, ihn zu ersetzen.

William Shakespeare, engl. Dramatiker, 1564–1616

Im Alter gibt es keinen schöneren Trost, als dass man die ganze Kraft seiner Jugend Werken einverleibt hat, die nicht mitaltern.

Arthur Schopenhauer, dt. Philosoph, 1788–1860

Immer dasselbe tun, wenn auch noch so gedankenlos – endlich wird's eine Methode.

Marie von Ebner-Eschenbach, österr. Erzählerin, 1830–1916

In ererbtem Hause wohnen, ist Glück. Nur schließt dies Glück den einen Verzicht ein: nicht Bauherr sein zu dürfen.

Wilhelm von Scholz, dt. Schriftsteller, 1874–1969

Den guten Steuermann lernt man im Sturme kennen.

Lucius Annaeus Seneca, röm. Politiker, Philosoph und Dichter, ca. 4 v. Chr. – 65 n. Chr.

Achtet die Jungen! Wie wollt ihr wissen, ob sie nicht eines Tages alles das sein werden, was ihr jetzt seid.

Konfuzius, chin. Philosoph, 551–479 v. Chr.

Der Alte verliert eins der größten Menschenrechte: Er wird nicht mehr von seines Gleichen beurteilt.

Johann Wolfgang von Goethe, dt. Dichter, 1749–1832

Der Juniorchef beschwert sich beim Vater: „Unser Vertreter erzählt allen Kunden, ich sei ein Trottel." – „Schade", sagt der Vater, „er ist ein tüchtiger Mann. Aber Geschäftsgeheimnisse darf er nicht ausplaudern."

Witz

Das war ein Cäsar: Wann kommt seines Gleichen?

William Shakespeare, engl. Dramatiker, 1564–1616

In den Armen liegen sich beide
Und weinen vor Schmerzen und Freude.

Friedrich Schiller, dt. Dichter, 1759–1805

Jedermann erfindet sich früher oder später eine
Geschichte, die er für sein Leben hält.

Max Frisch, schweizer. Schriftsteller, 1911–1991

Motivationsrede

Wie oft verglimmen die gewaltigsten Kräfte, weil
kein Wind sie anbläst!

Jeremias Gotthelf, schweizer. Schriftsteller, 1797–1854

Der Begriff „motivieren" ist bekanntlich mit dem lateinischen
Wort „movere" = „bewegen" verwandt. Führungskräfte können viel in Bewegung setzen, wenn Sie Ihren Mitarbeitern
„Beweggründe" nennen, für die sich das Engagement lohnt.
Geben Sie Ihren Mitarbeitern deshalb auch gute Gründe sich
zu engagieren, die über die Sache hinausweisen und sie
einem größeren Ganzen zuordnen – gerade wenn die Sache
selbst nicht schon auf den ersten Blick attraktiv erscheint.
Und denken Sie daran: Am motivierendsten wirken noch
immer Anerkennung und Dank – sie dürfen in keiner Motivationsrede fehlen. Motivierend ist nicht der Aufruf zu motivierter Mitarbeit, motivierend wirkt das richtige Umfeld.
Auch eine offene Informationspolitik gehört beispielsweise

dazu. (Weitere Zitate finden Sie im Kapitel „Lob, Dank, Anerkennung für besondere Leistungen S. 26.)

> Immer vollbringen die Abenteurer die großen Dinge, nicht aber die Herrscher großer Reiche.
>
> *Montesquieu, frz. Schriftsteller und Staatsphilosoph, 1689–1755*

> Durch einen glücklichen Zufall kann ein Mann die Welt eine Zeit lang, aber dank der Liebe kann er sie für immer beherrschen.
>
> *Lao Tse, chin. Philosoph, 6. Jh. v. Chr.*

Nicht selten ist ein gutes Motivationsinstrument, wenn man die bestehenden Probleme auf den Punkt bringt und damit anerkennt, was diejenigen leisten, die sich damit herumzuschlagen haben.

> Die Wissenschaftler bemühen sich, das Unmögliche möglich zu machen. Die Politiker bemühen sich oft, das Mögliche unmöglich zu machen.
>
> *Bertrand Russell, engl. Philosoph, 1872–1970*

> Mehrheiten zementieren das Bestehende; Fortschritt ist nur über Minderheiten möglich.
>
> *Bertrand Russell, engl. Philosoph, 1872–1970*

> Je größer die Schwierigkeit, die man überwand, desto größer der Sieg.
>
> *Marcus Tullius Cicero, röm. Staatsmann, Redner und Philosoph, 106–43 v. Chr.*

Die besondere Fertigkeit des Politikers besteht darin, dass er weiß, welche Leidenschaften am leichtesten zu erregen sind und wie sich, sobald sie erregt sind, verhindern lässt, dass sie ihm und seinen Anhängern schaden.

Bertrand Russell, engl. Philosoph, 1872–1970

Die meisten Führungskräfte zögern, ihre Leute mit dem Ball laufen zu lassen. Aber es ist erstaunlich, wie schnell ein informierter und motivierter Mensch laufen kann.

Lee Iacocca, amer. Industriemanager, geb. 1924

Willst lustig leben, geh mit zwei Säcken, einen zum Geben, einen, um einzustecken. Da gleichst du Prinzen, plünderst und beglückst Provinzen.

Johann Wolfgang von Goethe, dt. Dichter, 1749–1832

Man soll nicht bloß handeln, sondern es auch mit der Zuversicht tun, als hänge der Erfolg lediglich von einem selbst ab.

Wilhelm von Humboldt, dt. Philosoph, 1767–1835

Wenn ein Mensch keinen Grund hat, etwas zu tun, so hat er einen Grund, es nicht zu tun.

Walter Scott, schott. Dichter, 1771–1832

Wenn Sie die hierarchischen Barrieren beiseite räumen, wundern Sie sich, was da von unten an Ideen kommt.

Gerhard Cromme, Industriemanager, geb. 1943

Nur das fröhliche Herz ist fähig, Wohlgefallen an dem Guten zu finden.

Immanuel Kant, dt. Philosoph, 1724–1804

Das Schicksal mischt die Karten und wir spielen.

Arthur Schopenhauer, dt. Philosoph, 1788–1860

Studiere die Menschen, nicht, um sie zu überlisten und auszubeuten, sondern um das Gute in ihnen aufzuwecken und in Bewegung zu setzen.

Gottfried Keller, schweizer. Schriftsteller, 1819–1890

Wer die Menschen behandelt, wie sie sind, macht sie schlechter. Wer die Menschen aber behandelt, wie sie sein könnten, macht sie besser.

Johann Wolfgang von Goethe, dt. Dichter, 1749–1832

Die Menschheit wird erst glücklich sein, wenn alle Menschen Künstlerseelen haben werden, das heißt, wenn allen ihre Arbeit Freude macht.

Johann Wolfgang von Goethe, dt. Dichter, 1749–1832

Will man einen General herabsetzen, sagt man, er habe Glück gehabt. Aber es ist gut, dass sein Glück der Allgemeinheit zugute kommt.

Montesquieu, frz. Schriftsteller und Staatsphilosoph, 1689–1755

Mache das Beste aus dir, denn das ist alles, was du hast.

Ralph Waldo Emerson, amer. Dichter und Philosoph, 1803–1882

Die Hoffnungslosigkeit ist schon die vorweggenommene Niederlage.

Karl Jaspers, dt. Philosoph, 1883–1969

Viele Missstände, die als solche aufkamen und hingenommen wurden, haben sich in der Folge als höchst nützlich erwiesen, sogar als nützlicher als die vernünftigsten Gesetze.

Montesquieu, frz. Schriftsteller und Staatsphilosoph, 1689–1755

Wenn einer allein träumt, ist es nur ein Traum. Wenn viele gemeinsam träumen, ist das der Anfang einer neuen Wirklichkeit.

Friedensreich Hundertwasser, österr. Maler, 1928–2000

Business ist schließlich bloß eine andere Form von menschlichem Miteinander; wieso sollten wir also ... geringere Ansprüche daran stellen als an uns selbst und an unsere Mitmenschen?

Anita Roddick, Unternehmerin, Gründerin von The Body Shop, geb. 1942

Ich glaube, jedermann empfindet Befriedigung bei der Erfüllung einer herausfordernden Aufgabe und Genugtuung, wenn die eigene Leistung und die Rolle des Einzelnen im Rahmen des Unternehmens anerkannt wird.

Akio Morita, jap. Unternehmer, 1921–1999

Es ist traurig, eine Ausnahme zu sein. Aber noch viel trauriger ist es, keine zu sein.

Peter Altenberg, österr. Schriftsteller, 1859–1919

An seinen Idealen zu Grunde gehen können, heißt lebensfähig sein.

Peter Altenberg, österr. Schriftsteller, 1859–1919

Vielleicht lassen sich Ihre Mitarbeiter ja mit etwas unkonventionellen Aufforderungen ins Boot holen:

Arm in Arm mit dir, so forder' ich mein Jahrhundert in die Schranken.

Friedrich Schiller, dt. Dichter, 1759–1805

Das Frühjahr kommt. Wach auf, du Christ! Der Schnee schmilzt weg. Die Toten ruhn. Und was noch nicht gestorben ist Das macht sich auf die Socken nun.

Bertolt Brecht, dt. Schriftsteller und Regisseur, 1898–1956

Es ist so gewiss als wunderbar, dass Wahrheit und Irrtum aus einer Quelle entstehen; deswegen man oft dem Irrtum nicht schaden darf, weil man zugleich der Wahrheit schadet.

Johann Wolfgang von Goethe, dt. Dichter, 1749–1832

Ich denke, wenn man etwas in die Luft bauen will, so sind es immer besser Schlösser als Kartenhäuser.

Georg Christoph Lichtenberg, dt. Schriftsteller und Physiker, 1742–1799

Ohne Begeisterung schlafen die besten Kräfte unseres Gemütes. Es ist ein Zunder in uns, der funken will.

Johann Wolfgang von Goethe, dt. Dichter, 1749–1832

Es siegt immer die Begeisterung über den, der nicht begeistert ist.

Johann Gottlieb Fichte, dt. Philosoph, 1762–1814

Trinkt, o Augen, was die Wimper hält, von dem goldnen Überfluss der Welt.

Gottfried Keller, schweizer. Schriftsteller, 1819–1890

Ehrliche, herzliche Begeisterung ist einer der wirksamsten Erfolgsfaktoren.

Dale Carnegie, Psychologe, Schriftsteller, Verkaufsgenie, 1888–1955

Bewältige eine Schwierigkeit, und du hältst hundert von dir ferne.

Konfuzius, chin. Philosoph, 551–479 v. Chr.

Tischrede/Geschäftsessen

Eine Tischrede sollte der Wendepunkt sein zwischen gewöhnlicher Arbeitsatmosphäre und einer gelösteren Stimmung. Vielleicht feiern Sie bei einem Geschäftsessen erfolgreiche Vertragsverhandlungen mit Ihren Geschäftspartnern oder Sie geben für Ihre Abteilung ein festliches Essen, mit dem Sie sich für die gute Zusammenarbeit bedanken wollen. Bei einer Tischrede darf auf keinen Fall der Humor fehlen, die Arbeit dagegen müssen Sie nicht unbedingt ansprechen. Bei einer Tischrede können Sie alles zum Thema machen, was sich auch für die Konversation eignet.

Vergiss nicht – man benötigt nur wenig, um ein glückliches Leben zu führen.

Marc Aurel, röm. Kaiser, 121–180

Der gedeckte Tisch, das ist die schönste Gegend.

Johann Nestroy, österr. Dramatiker, 1801–1862

Wenn die Großmut vollkommen sein soll, muss sie eine kleine Dosis Leichtsinn enthalten.

Marie von Ebner-Eschenbach, österr. Erzählerin, 1830–1916

Kein Ärmerer auf der Welt als der Reiche, der es nicht versteht, zu verschwenden.

Arthur Schnitzler, österr. Schriftsteller, 1862–1931

Das Leben ist bezaubernd, man muss es nur durch die richtige Brille sehen.

Alexandre Dumas der Ältere, frz. Schriftsteller, 1802–1870

Mit dem Leben ist's wie mit dem Gelde: man muss beide ausgeben, um etwas davon zu haben.

Emil Gött, dt. Schriftsteller, 1864–1908

In einer irrsinnigen Welt vernünftig sein zu wollen, ist schon wieder ein Irrsinn für sich.

Voltaire, frz. Schriftsteller und Philosoph, 1694–1778

Alle Lebewesen außer den Menschen wissen, dass der Hauptzweck des Lebens darin besteht, es zu genießen.

Samuel Butler, engl. Schriftsteller, 1612–1680

Aufrichtigkeit ist die Zuflucht derer, die weder Phantasie noch Taktgefühl haben.

Henry de Montherlant, frz. Schriftsteller, 1896–1972

Jedes Lebewesen hat seinen Instinkt und der Instinkt des Menschen, verstärkt durch die Vernunft, treibt ihn zum gesellschaftlichen Zusammenleben wie zum Essen und zum Trinken.

Voltaire, frz. Schriftsteller und Philosoph, 1694–1778

Trink ihn aus, den Trank der Labe,
Und vergiss den großen Schmerz!
Wundervoll ist Bacchus Gabe,
Balsam fürs zerissne Herz.

Friedrich Schiller, dt. Dichter, 1759–1805

Heutzutage hat keiner genug, weil jeder zu viel hat.

Karl Heinrich Waggerl, österr. Schriftsteller, 1897–1973

Hör auf mit dem vielen Essen; dann wirst du angenehmer, billiger und gesünder leben!

Xenophon, griech. Geschichtsschreiber, ca. 430–354 v. Chr.

Essen und Beischlaf sind die beiden großen Begierden des Mannes.

Konfuzius, chin. Philosoph, 551–479 v. Chr.

Jeder Mensch kommt mit einer sehr großen Sehnsucht nach Herrschaft, Reichtum und Vergnügen sowie mit einem starken Hang zum Nichtstun auf die Welt.

Voltaire, frz. Schriftsteller und Philosoph, 1694–1778

Strenge Moralisten sagen: Um glücklich zu sein, muss man alle Leidenschaften aus sich verdammen. Dieser Rat ist ungefähr so gut, als wenn man einem, der über enge Stiefel klagt, sagt: er soll sich beide Füß amputieren lassen, damit er kein' Verdruss mehr mit dem Schuster hat.

Johann Nestroy, österr. Dramatiker, 1801–1862

Man soll schweigen oder Dinge sagen, die noch besser sind als das Schweigen.

Pythagoras, griech. Mathematiker und Philosoph,
ca. 570–480 v. Chr.

Lebe mit deinem Jahrhundert, aber sei nicht sein Geschöpf; leiste deinen Zeitgenossen, aber was sie bedürfen, nicht was sie loben.

Friedrich Schiller, dt. Dichter, 1759–1805

Tages Arbeit! Abends Gäste!
Saure Wochen! Frohe Feste!

Johann Wolfgang von Goethe, dt. Dichter, 1749–1832

Eines Tags geschah es Kant,
dass er keine Worte fand.
Stundenlayng hielt er den Mund
und er schwieg – nicht ohne Grund.
Ihm fiel absolut nichts ein,
drum ließ er das Sprechen sein.
Erst als man zum Essen rief,
wurd' er wieder kreativ
und er sprach die schönen Worte:
„Gibt es hinterher noch Torte?"

Robert Gernhardt, dt. Schriftsteller, 1937-2006

Alle Zufälle unseres Lebens sind Materialien, aus denen wir machen können, was wir wollen. Wer viel Geist hat, macht viel aus seinem Leben.

Novalis, dt. Dichter der Romantik, 1772–1801

Wo man raucht, da kannst du ruhig harren.
Böse Menschen haben nie Zigarren ...

David Kalisch, dt. Schriftsteller, 1820–1872

Zu viel kann man wohl trinken, Doch nie trinkt man genug.

Gotthold Ephraim Lessing, dt. Schriftsteller, 1729–1781

Mich ergreift, ich weiß nicht wie, himmlisches Behagen.

Johann Wolfgang von Goethe, dt. Dichter, 1749–1832

Verzeih, ich kann nicht hohe Worte machen,
Und wenn mich auch der ganze Kreis verhöhnt ...

Johann Wolfgang von Goethe, dt. Dichter, 1749–1832

Hei! bairisch Bier, ein guter Schluck, sollte mir gar köstlich munden!

Ludwig Uhland, dt. Dichter, 1787–1862

Wenn die Gäst' wüssten, wie z'wider sie einem oft sind, es ließ sich gar kein Mensch mehr einladen auf der Welt.

Johann Nestroy, österr. Dramatiker, 1801–1862

Alles wirkliche Leben ist Begegnung.

Martin Buber, österr. Religionsphilosoph, 1878–1965

Solang man trinken kann, lässt sich's noch glücklich sein.

Johann Wolfgang von Goethe, dt. Dichter, 1749–1832

In den meisten Fällen ist Glück kein Geschenk, sondern ein Darlehen.

Albrecht Goes, dt. Schriftsteller, 1908–2000

Auf dem Markt der Welt kann jeder billig kaufen, der sich mit dem Unbezahlbaren begnügt.

Karl Heinrich Waggerl, österr. Schriftsteller, 1897–1973

Fremd ist der Fremde nur in der Fremde.

Karl Valentin, bayer. Komiker und Schriftsteller, 1882–1948

Die Speisen haben vermutlich einen sehr großen Einfluss auf den Zustand der Menschen, wie er jetzo ist, der Wein äußert seinen Einfluss mehr sichtbarlich, die Speisen tun es langsamer, aber vielleicht ebenso gewiss, wer weiß, ob wir nicht einer gut gekochten Suppe die Luftpumpe und einer schlechten den Krieg oft zu verdanken haben. Es verdiente dieses eine genauere Untersuchung.

Georg Christoph Lichtenberg, dt. Schriftsteller und Physiker, 1742–1799, G. Ch.

Das Vergnügen ist so nötig als die Arbeit.

Gotthold Ephraim Lessing, dt. Schriftsteller, 1729–1781

Berg und Tal kommen nicht zusammen, aber die Menschen.

Französisches Sprichwort

Es ist gut, wenn man die Zeichen der Zeit versteht, besser aber, wenn man keine Ahnung davon hat. Nur die Augenblicke der Zeitlosigkeit gewähren reinen Genuss am Dasein.

Richard Schaukal, österr. Schriftsteller, 1874–1942

Bei leerem Magen
Sind alle Übel doppelt schwer.

Christoph Martin Wieland, dt. Dichter, 1733–1813

Die unerträglichsten Heuchler sind diejenigen, die jedes Vergnügen, das ihnen geboren wird, von der Pflicht zur Taufe tragen lassen.

Marie von Ebner-Eschenbach, österr. Erzählerin, 1830–1916

Ich mag es gerne leiden, wenn auch der Becher überschäumt.

Friedrich Schiller, dt. Dichter, 1759–1805

Lasst uns die Franzosen preisen! Sie sorgten für die zwei größten Bedürfnisse der menschlichen Gesellschaft, für gutes Essen und bürgerliche Gleichheit.

Heinrich Heine, dt. Dichter und Publizist, 1797–1856

Sollte einmal etwas nicht nach Plan laufen, nehmen Sie Horaz zu Hilfe:

Ein Gastgeber ist wie ein Feldherr: Erst wenn etwas schief geht, zeigt sich sein Talent.

Horaz, röm. Dichter, 65–8 v. Chr.

Betriebsfeiern und private Feste im Unternehmen

Zu Betriebsfeiern und Festen im Unternehmen gehört auch eine kleine Begrüßungsrede oder Ansprache. Mit einem Zitat aus diesem Kapitel können Sie Ihren Worten vielleicht ein wenig Schwung verleihen.

Ein Leben ohne Feste ist wie eine weite Reise ohne Gasthaus.

Demokrit, griech. Philosoph, ca. 470–380 v. Chr.

Lieber Flaschen als Briefe entsiegeln.

Jean Paul, dt. Schriftsteller, 1763–1825

Mich deucht, das Größt bei einem Fest
Ist, wenn man sich's wohl schmecken lässt.

Johann Wolfgang von Goethe, dt. Dichter, 1749–1832

Oh, wunderschön ist Gottes Erde und wert, darauf vergnügt zu sein.

Ludwig Christoph Hölty, dt. Dichter, 1748–1776

Ich bin immer zum Feiern aufgelegt.

Jeanne Calment, ältester Mensch der Welt, 1875–1997

Solange das Schicksal es erlaubt, lebt froh!

Lucius Annaeus Seneca, röm. Politiker, Philosoph und Dichter, ca. 4 v. Chr. – 65 n. Chr.

Inzwischen ist alles gesagt worden, nur noch nicht von allen.

Karl Valentin, bayer. Komiker und Schriftsteller, 1882–1948

Nur auf das Ziel zu sehen, verdirbt die Lust am Reisen.

Friedrich Nietzsche, dt. Philosoph, 1844–1900

Die Arbeit soll dein Pferd sein, nicht dein Reiter.

Persisches Sprichwort

Was für die Bürger gilt, gilt wohl auch für das Leben selbst: Spannung und Entspannung sollten sich die Waage halten, so kann Cicero also genug dazu beitragen, Ihre Betriebsfeier zu motivieren:

> Wer aber einen Teil der Bürger begünstigt und einen anderen vernachlässigt, schleppt das verderblichste Übel in das Gemeinwesen ein.
>
> *Marcus Tullius Cicero, röm. Staatsmann, Redner und Philosoph, 106–43 v. Chr.*

> Jeder Mensch, der eine so genannte Wissenschaft oder eine Berufstätigkeit betreibt, ohne dass sie ihm jemals nichtig scheinen könnte, ist unbedingt dumm.
>
> *Richard Schaukal, österr. Schriftsteller, 1874–1942*

> Dass es Leut gibt, die auf einen Ball gehn, das find' ich begreiflich; aber dass es Leut gibt, die einen Ball geben, das ist das, was mir ewig ein Rätsel bleibt.
>
> *Johann Nestroy, österr. Dramatiker, 1801–1862*

> Geselligkeit gehört zu den gefährlichen, ja verderblichen Neigungen, da sie uns in Kontakt bringt mit Wesen, deren große Mehrzahl moralisch schlecht und intellektuell stumpf oder verkehrt ist.
>
> *Arthur Schopenhauer, dt. Philosoph, 1788–1860*

Der Mensch lebt nicht vom Brot allein. Nach einer Weile braucht er einen Drink.

Woody Allen, amer. Filmregisseur und -schauspieler, geb. 1935

Hätte die Natur nicht gewollt, dass der Kopf den Forderungen des Unterleibs Gehör geben sollte, was hätte sie nötig gehabt, den Kopf an einen Unterleib anzuschließen.

Georg Christoph Lichtenberg, dt. Schriftsteller und Physiker,
1742–1799, G. Ch.

Das Recht des Menschen ist's auf dieser Erden,
Da er doch nur kurz lebt, glücklich zu sein …

Bertolt Brecht, dt. Schriftsteller und Regisseur, 1898–1956

Die meisten Menschen, die die Eigenschaft besitzen, viel Geld zu machen, haben selten auch die Eigenschaft, es zu genießen.

André Kostolany, amer. Finanzexperte und Journalist, 1906–1999

Ein Mädchen und ein Gläschen Wein kurieren alle Not; und wer nicht trinkt und wer nicht küsst, der ist so gut wie tot.

Johann Wolfgang von Goethe, dt. Dichter, 1749–1832

Jeder Tag hat seine Plage,
Und die Nacht hat ihre Lust.

Johann Wolfgang von Goethe, dt. Dichter, 1749–1832

Kann man denn nicht auch lachend sehr ernsthaft sein? Lieber Major, das Lachen erhält uns vernünftiger als der Verdruss.

Gotthold Ephraim Lessing, dt. Schriftsteller, 1729–1781

Der Bürger wünscht die Kunst üppig und das Leben asketisch; umgekehrt wäre es besser.

Theodor W. Adorno, dt. Philosoph, 1903–1969

Wer Freude genießen will, muss sie teilen. Das Glück wurde als Zwilling geboren.

Lord Byron, engl. Dichter, 1788–1824

Weihnachtsfeier

Weihnachten ist nur einmal im Jahr, aber das ist auch genug.

Robert Lembke, dt. Journalist und Quizmaster, 1913–1989

... dennoch muss Ihnen einmal im Jahr etwas Passendes für Ihre Rede bei der Weihnachtsfeier einfallen. Zitate können Ihnen dazu Anregungen geben. Doch man muss gar nicht allzu sehr in die Ferne schweifen, so viele Überlegungen und Fragen haben im Arbeitsalltag keinen Platz – warum sollten sie nicht Gegenstand einer kleinen Rede zu Weihnachten sein?

Die Tragik des modernen Menschen ist nicht, dass er immer weniger über den Sinn des eigenen Lebens weiß, sondern dass ihn das immer weniger stört.

Václav Havel, tschech. Schriftsteller und Präsident (1993-2003), geb. 1936

Es gibt eine Theorie, die besagt, wenn jemals irgendwer genau herausfindet, wozu das Universum da ist und warum es da ist, dann verschwindet es auf der Stelle und wird durch noch etwas Bizarreres und Unbegreiflicheres ersetzt. – Es gibt eine andere Theorie, nach der das schon passiert ist.

Douglas Adams, engl. Schriftsteller, 1952–2001

Es ist schwierig, edel zu denken, wenn man nur daran denkt, seinen Lebensunterhalt zu bestreiten.

Jean-Jacques Rousseau, frz. Philosoph, 1712–1778

Man muss das Gute tun, damit es in der Welt sei.

Marie von Ebner-Eschenbach, österr. Erzählerin, 1830–1916

Fliehet aus dem engen, dumpfen Leben
In des Ideales Reich!

Friedrich Schiller, dt. Dichter, 1759–1805

Das Schwierigste am Leben ist es, Herz und Kopf dazu zu bringen, zusammenzuarbeiten. In meinem Fall verkehren sie noch nicht mal auf freundschaftlicher Basis.

Woody Allen, amer. Filmregisseur und -schauspieler, geb. 1935

Vielleicht werden wir irgendwann unsere Seelen volkswirtschaftlich verwerten können.

Stanislaw Jerzy Lec, poln. Lyriker, 1909–1966

Die meisten jagen so sehr dem Genusse nach, dass sie an ihm vorbeilaufen.

Søren Kierkegaard, dän. Philosoph, 1813–1855

Das Hauptproblem von Ethik und Politik besteht darin, auf irgendeine Weise die Erfordernisse des Gemeinschaftslebens mit den Wünschen und Begierden des Individuums in Einklang zu bringen.

Bertrand Russell, engl. Philosoph, 1872–1970

Der Politik ist eine bestimmte Form der Lüge fast zwangsläufig zugeordnet: das Ausgeben des für eine Partei Nützlichen als das Gerechte.

Carl Friedrich von Weizsäcker, dt. Physiker und Philosoph, geb. 1912

Nur Sitten- und Charakterverbesserungen sind wahre Verbesserungen, alle andern, ohne Ausnahme, sind nur Moden, nur Wechsel, nur unbedeutende Verbesserungen.

Novalis, dt. Dichter der Romantik, 1772–1801

Es gibt doch bei dem Menschengeschlecht keinen wahren Fortschritt der Vernunft, weil alles, was auf der einen Seite als Gewinn angesehen werden kann, durch Verluste auf der anderen Seite wieder aufgewogen wird.

Jean-Jacques Rousseau, frz. Philosoph, 1712–1778

Die moderne Zivilisation ist wie ein Flugzeug mit einem einzigen defekten Motor. – Modern civilization is like an airplane with a single defective engine.

Herbert George Wells, engl. Schriftsteller, 1866–1946

Eines Tages wird alles gut sein, das ist unsere Hoffnung. Heute ist alles in Ordnung, das ist unsere Illusion.

Voltaire, frz. Schriftsteller und Philosoph, 1694–1778

Wenn's alte Jahr erfolgreich war,
dann freue dich aufs neue,
und war es schlecht,
ja dann erst recht.

Karl-Heinz Söhler, dt. Publizist, geb. 1923

Durch so viel Formen geschritten,
durch Ich und Wir und Du,
doch alles blieb erlitten
durch die ewige Frage wozu?

Gottfried Benn, dt. Dichter und Arzt, 1886–1956

Das Merkwürdigste an der Zukunft ist wohl die Vorstellung, dass man unsere Zeit einmal die gute alte Zeit nennen wird.

Ernest Hemingway, amer. Schriftsteller, 1899–1961

Der Plan, die Welt zu beglücken, spart nicht selten den Nachbarn aus.

Hans Kasper, dt. Schriftsteller und Satiriker, 1916-1990

Die Weihnachtsfeier ist immer ein Anlass, einmal all die vielen in den Mittelpunkt zu stellen, deren Arbeit sonst kaum beachtet wird. Warum nicht das Unternehmen mit dem Staat vergleichen?

Keine Staatsform bietet ein Bild hässlicherer Entartung, als wenn die Wohlhabendsten für die Besten gehalten werden.

Marcus Tullius Cicero, röm. Staatsmann, Redner und Philosoph,
106–43 v. Chr.

Denn die einen sind im Dunkeln,
Und die andern sind im Licht.
Und man siehet die im Lichte.
Die im Dunkeln sieht man nicht.

Bertolt Brecht, dt. Schriftsteller und Regisseur, 1898–1956

Die Welt hat genug für jedermanns Bedürfnisse, aber nicht für jedermanns Gier.

Mahatma Gandhi, Führer der indischen Unabhängigkeitsbewegung, 1869–1948

Der Himmel verhüte, dass wir gegen die Nöte unserer Mitmenschen gleichgültig werden!

Henry Ford, amer. Automobilhersteller, 1863–1947

Erste Morgenpflicht: über sich erröten.

E. M. Cioran, frz.-rumän. Essayist und Philosoph, 1911–1995

Sollten Sie sich in einem Kreis befinden, der Ihnen etwas Humor erlaubt, können Sie ruhig auch mal auf die so weit verbreitete „Weihnachtsverdrossenheit" anspielen und die Hoffnung ausdrücken, die Weihnachtsfeier möge doch noch zu einem echten Vergnügen werden:

Manches Vergnügen besteht darin, dass man mit Vergnügen darauf verzichtet.

Peter Rosegger, österr. Schriftsteller, 1843–1918

Trauerrede

Auf den Tod eines Mitarbeiters, eines ehemaligen Kollegen oder Angehörigen angemessen zu reagieren, ist schwer. Viele Menschen sind geneigt, sich hinter pathetischen Worten zu verstecken. Versuchen Sie nicht intellektuell oder gar originell zu sein, sprechen Sie lieber in schlichten, einfachen Worten.

Es nimmt der Augenblick, was Jahre geben.

Johann Wolfgang von Goethe, dt. Dichter, 1749–1832

Der Tod ist nicht die absolute Aufhebung des Lebens, sondern die Befreiung der Hindernisse des vollständigen Lebens.

Immanuel Kant, dt. Philosoph, 1724–1804

Die Erinnerung ist das einzige Paradies, aus welchem wir nicht getrieben werden können.

Jean Paul, dt. Schriftsteller, 1763–1825

Der, den der Tod nicht weiser macht,
hat nie mit Ernst an ihn gedacht.

Christian Fürchtegott Gellert, dt. Dichter, 1715-1769

Der Mensch erfährt, er sei auch wer er mag, ein letztes Glück und einen letzten Tag.

Johann Wolfgang von Goethe, dt. Dichter, 1749–1832

Der Schmerz ist ein Eigentum, wie das Glück und die Freude.

Christian Friedrich Hebbel, dt. Dichter, 1813–1863

Wir hoffen immer, und in allen Dingen ist besser hoffen als verzweifeln.

Johann Wolfgang von Goethe, dt. Dichter, 1749–1832

Der Tod entwaffnet den Hass, bringt Neid und Verleumdung zum Schweigen und erlaubt der Gerechtigkeit, ihre Stimme zugunsten derer zu erheben, die ein Recht auf Bewunderung durch die Nachwelt haben.

Friedrich Melchior Grimm, dt. Schriftsteller, 1723–1807

Dem anderen gegenüber ist es möglich, sich Sicherheit zu verschaffen, aber im Hinblick auf den Tod bewohnen wir Menschen alle eine Stadt ohne Mauern.

Epikur, griech. Philosoph, 341–270 v. Chr.

Nun ist es Zeit wegzugehen: für mich, um zu sterben, für euch, um zu leben. Wer von uns dem Besseren entgegengeht, ist jedem verborgen ...

Sokrates, griech. Philosoph, ca. 470–399 v. Chr.

Der Tod wird zum Sinn des Lebens wie der auflösende Akkord zum Sinn der Melodie.

Jean-Paul Sartre, frz. Philosoph und Schriftsteller, 1905–1980

Was einer ist, was einer war,
Beim Scheiden wird es offenbar.
Wir hören's nicht, wenn Gottes Weise summt,
Wir schaudern erst, wenn sie verstummt.

Hans Carossa, dt. Schriftsteller, 1878–1956

Lasst uns guten Mut's sein in Bezug auf den Tod, da das kein Übel für uns sein kann, was das natürliche Gesetz der Götter, die über das Wohl der Menschen walten, zu unserem Besten so eingesetzt hat.

Platon, griech. Philosoph, ca. 428–348 v. Chr.

Es ist gut, den Toten die Treue zu halten. Wenn wir tun, was sie tun wollten, werden wir glücklich sein.

Elsa Triolet, frz. Schriftstellerin, 1896–1970

Der Tod ist die Ruhe, aber der Gedanke an den Tod ist der Störer jeglicher Ruhe.

Cesare Pavese, ital. Schriftsteller, 1908–1950

Man kann den Tod eines geliebten Menschen tief und innig beklagen und doch in Hoffnung und selbst in Heiterkeit weiterleben.

Theodor Fontane, dt. Schriftsteller, 1819–1898

Fest steht jedem sein Tag, kurz und unwiederbringlich ist für alle die Zeit des Lebens.

Vergil, röm. Dichter, 70–19 v. Chr.

Den, der zu sterben wünscht, lässt der Tod niemals im Stich.

Lucius Annaeus Seneca, röm. Philosoph, ca. 4 v. Chr. – 65 n. Chr.

Angeblich waren dies die letzten Worte Mozarts:

> Der Geschmack des Todes ist auf meiner Zunge,
> ich fühle etwas, das nicht von dieser Welt ist.
>
> *Wolfgang Amadeus Mozart, österr. Komponist, 1756–1791*

> Der Tod ist nicht für schlimm zu achten, dem ein
> gutes Leben vorangegangen.
>
> *Hl. Augustinus, Kirchenvater, 354–430*

> Glücklich ist der, der stirbt, bevor er den Tod
> gerufen hat.
>
> *Francis Bacon, engl. Philosoph und Politiker, 1561–1626*

> Es gibt viel Trauriges in der Welt und viel
> Schönes. Manchmal scheint das Traurige mehr
> Gewalt zu haben, als man ertragen kann, dann
> stärkt sich indessen leise das Schöne und berührt
> wieder unsere Seele.
>
> *Hugo von Hofmannsthal, österr. Dichter, 1874–1929*

> Keiner kehrt vom Tode, keiner kommt in die Welt
> hinein, ohne zu weinen. Niemand fragt dich,
> wann du herein willst, niemand, wann du hinaus
> willst.
>
> *Søren Kierkegaard, dän. Philosoph, 1813–1855*

> Dieses brüchige Leben zwischen Geburt und Tod
> kann eine Erfüllung sein, wenn es eine Zwie-
> Sprache ist.
>
> *Martin Buber, österr. Religionsphilosoph, 1878–1965*

Reden in aller Öffentlichkeit

Es genügt nicht, dass man zur Sache spricht:
man muss zu den Menschen sprechen

Stanislaw Jerzy Lec, poln. Lyriker, 1909–1966

Pressekonferenz

Eine Warnung Äsops stehe am Anfang dieses Kapitels. Quintessenz seiner Fabel vom Berg in Kindesnöten: Mit zu viel Pauken und Trompeten weckt man auch allzu große Erwartungen – am Ende hat man sich mit dem Ergebnis schnell lächerlich gemacht:

> Es ging das Geschrei, der Berg wäre in Kindesnöten, und die ganze Nachbarschaft lief zusammen, um zu sehen, was so eine große Mutter für ein Ungeheuer hervorbringen werde, als plötzlich, man denke! eine lächerliche Maus herauslief.
>
> *Äsop, griech. Fabeldichter, ca. 6. Jh. v. Chr.*

Ihr jubelt über die Macht der Presse – graut euch nie vor ihrer Tyrannei?

Marie von Ebner-Eschenbach, österr. Erzählerin, 1830–1916

In früheren Zeiten bediente man sich der Folter. Heutzutage bedient man sich der Presse. Das ist gewiss ein Fortschritt.

Oscar Wilde, engl. Schriftsteller, 1856–1900

Die Presse hat auch die Aufgabe, das Gras zu mähen, das über etwas zu wachsen droht.

Alfred Polgar, österr. Schriftsteller, 1875–1955

Die Realitäten richten sich nicht immer nach den Prognosen.

Norbert Blüm, dt. Politiker (CDU), geb. 1935

Die Mission der Presse ist, Geist zu verbreiten und zugleich die Aufnahmefähigkeit zu zerstören.

Karl Kraus, österr. Schriftsteller und Kritiker, 1874–1936

Große Gedanken brauchen nicht nur Flügel, sondern auch ein Fahrgestell zum Landen.

Neil Armstrong, amer. Astronaut, geb. 1930

Die Wahrheit ist dem Menschen zumutbar.

Ingeborg Bachmann, österr. Dichterin, 1926–1973

Die abgestorbne Eiche steht im Sturm, doch die gesunde stürzt er schmetternd nieder, weil er in ihre Krone greifen kann.

Heinrich von Kleist, dt. Dramatiker und Erzähler, 1777–1811

Der Bau von Luftschlössern kostet nichts, aber ihre Zerstörung ist sehr teuer.

François Mauriac, frz. Schriftsteller, 1885–1970

Mut besteht nicht darin, dass man die Gefahr blind übersieht, sondern dass man sie sehend überwindet.

Jean Paul, dt. Schriftsteller, 1763–1825

Wenn alles, was man sagt, wahr sein muss, so ist darum nicht auch Pflicht, alle Wahrheit öffentlich zu sagen.

Immanuel Kant, dt. Philosoph, 1724–1804

Die öffentliche Meinung ist ein See, der, wenn man ihn dämmt und aufhält, so lange steigt, bis er schäumend über seine Schranken stürzt, das Land überschwemmt und alles mit sich fortreißt.

Ludwig Börne, dt. Schriftsteller, 1786–1837

Wer an die Öffentlichkeit tritt, hat keine Nachsicht zu erwarten und keine zu fordern.

Marie von Ebner-Eschenbach, österr. Erzählerin, 1830–1916

Wer durch des Argwohns Brille schaut, sieht Raupen selbst im Sauerkraut.

Wilhelm Busch, dt. Dichter und Maler, 1832–1908

Man soll in seine Schriften keinen Essig geben, sondern Salz.

Montesquieu, frz. Schriftsteller und Staatsphilosoph, 1689–1755

Am Anfang war das Wort und nicht das Geschwätz, und am Ende wird nicht die Propaganda sein, sondern wieder das Wort.

Gottfried Benn, dt. Dichter und Arzt, 1886–1956

Der gute Ruf gleicht dem Winde; man weiß nicht, von wannen er kommt, noch wohin er fährt.

August von Kotzebue, dt. Dramatiker, 1761–1819

Verehrtes Publikum, los, such dir selbst den
                                                                    Schluss!
Es muss ein guter da sein, muss, muss, muss!

Bertolt Brecht, dt. Schriftsteller und Regisseur, 1898–1956

Der Unterschied zwischen einem Politiker und einem Staatsmann liegt darin, dass der Politiker an die nächsten Wahlen denkt, während der Staatsmann an die nächste Generation denkt.

David Ben Gurion, israel. Politiker, 1886–1973

Mit dem Wind, den man selber macht, lassen sich die Segel nicht füllen.

Karl Heinrich Waggerl, österr. Schriftsteller, 1897–1973

Der Skandal fängt an, wenn die Polizei ihm eine Ende macht.

Karl Kraus, österr. Schriftsteller und Kritiker, 1874–1936

Betriebsgründung/ Geschäftseröffnung

Als Existenzgründer wird es Ihnen kaum schwer fallen, Stoff für eine Rede zur Betriebsgründung zu finden und Ihrer Freude und Zuversicht Ausdruck zu verleihen. Mit einer sympathischen Eröffnungsrede haben Sie möglicherweise schon die ersten Kunden gewonnen. Ein gut gewähltes Zitat kann dabei vielleicht einmal zum Leitspruch Ihres Unternehmens werden.

Das Leben ist eine Anstrengung, die einer besonderen Sache würdig wäre.

Karl Kraus, österr. Schriftsteller und Kritiker, 1874–1936

Eine Reise von tausend Meilen beginnt mit dem ersten Schritt.

Lao Tse, chin. Philosoph, 6. Jh. v. Chr.

Mut steht am Anfang des Handelns, Glück am Ende.

Demokrit, griech. Philosoph, ca. 470–380 v. Chr.

Die großen Gedanken kommen aus dem Herzen.

Oscar Wilde, engl. Schriftsteller, 1856–1900

Die Geschichte der Menschheit wie des Einzelnen beginnt mit einem Traum.

Wilhelm Raabe, dt. Schriftsteller, 1831–1910

Der Glaube, das, was man wünscht, zu erreichen, ist immer lustvoll.

Aristoteles, griech. Philosoph, 384–322 v. Chr.

Ein Unternehmensgründer hat einen entscheiden-den Vorteil: Er muss alles neu machen und braucht keine Rücksicht auf überkommene Traditionen zu nehmen.

Jost Stollmann, dt. Unternehmer, geb. 1955

Aus der Geschichte der Völker können wir lernen, dass die Völker aus der Geschichte nichts gelernt haben.

Georg Wilhelm Friedrich Hegel, dt. Philosoph, 1770–1831

Es ist nicht genug zu wissen: man muss auch an-wenden; es ist nicht genug zu wollen: man muss auch tun.

Johann Wolfgang von Goethe, dt. Dichter, 1749–1832

Ein Mann mit einer Idee ist unausstehlich, bis ihm die Idee zum Erfolg verholfen hat.

Mark Twain, amer. Schriftsteller, 1835–1910

Wirkliche Unternehmerpersönlichkeiten sind ebenso sehr Macher wie Träumer: Sie suchen nach dem besten Weg, wie sie eine Idee vorantreiben können und setzen Geld ein, um die Räder zu schmieren.

Anita Roddick, Unternehmerin, Gründerin von The Body Shop, geb. 1942

Unternehmen mit einer Vision wachsen schneller als die Konkurrenz, schaffen neue Werte, erarbeiten sich Vorteile und bewegen sich mit hoher Geschwindigkeit. Ihr Zeichen ist Unternehmensvitalität.

Bolko von Oetinger, Unternehmensberater, geb. 1943

Es kommt darauf an, das Hoffen zu lernen.

Ernst Bloch, dt. Philosoph, 1885–1977

Der Tag, an dem man einen Entschluss fasst, ist ein Glückstag.

Japanisches Sprichwort

Der Edle hasst den Gedanken, die Welt zu verlassen, ohne etwas geleistet zu haben, was bleibender Anerkennung wert ist.

Konfuzius, chin. Philosoph, 551–479 v. Chr.

Schau der Furcht in die Augen, und sie wird zwinkern.

Russisches Sprichwort

Der Drang zur Selbstständigkeit muss Hauptmotivationsfaktor sein! Sein „eigener Herr" zu sein, ist der primäre Lohn für harte, intensive Arbeit. Man muss seine Visionen vorleben und die Freude am eigenen Tun ist immens wichtig.

Martin Imdahl, dt. Unternehmer, geb. 1958

Vielleicht gibt es schönere Zeiten, aber diese ist die unsrige.

Jean-Paul Sartre, frz. Philosoph und Schriftsteller, 1905–1980

Erfolg braucht immer eine Vision.

Erich J. Lejeune, dt. Unternehmer, geb. 1944

Wer zu früh Erfolg hat, fängt an, sich selbst zu kopieren.

Friedensreich Hundertwasser, österr. Maler, 1928–2000

Ein Geschäft zu eröffnen ist leicht; schwer ist es, es geöffnet zu halten.

Chinesisches Sprichwort

Alles in der Welt kommt auf einen gescheiten Einfall und auf einen festen Entschluss an.

Johann Wolfgang von Goethe, dt. Dichter, 1749–1832

Ein entschlossener Mensch wird mit einem Schraubenschlüssel mehr anzufangen wissen als ein unentschlossener mit einem Werkzeugladen.

Emil Oesch, schweizer. Schriftsteller, 1894–1974

Aufgrund meiner jetzigen Tätigkeit als Förderer von jungen Unternehmensgründern weiß ich, dass die persönliche Einstellung des Gründers zum absolut sparsamsten Umgang mit allen Ressourcen ein aussagekräftiges Indiz für große Erfolgsaussichten des neuen Unternehmens ist.

Theo Lieven, Mitgründer der VOBIS AG, geb. 1952

Zu Beginn, also in der eigentlichen Gründungsphase, sind ein ausgeprägter Geschäftssinn, Kostenbewusstsein sowie ein Gefühl für den Kunden und seine Bedürfnisse viel wichtiger als etwa strategisches Management oder gar Controlling.

Anita Roddick, Unternehmerin, Gründerin von The Body Shop, geb. 1942

Einweihung/Grundsteinlegung/ Richtfest

Festredner sind Leute, die im Schlaf anderer Menschen sprechen.

Jerry Lewis, amer. Filmkomiker, geb. 1926

Ein neues Gebäude kostet immer viele Stunden Ärger: mit Baugenehmigungen, mit Zeitvorgaben, Kostenüberschreitungen und Tausenden von anderen Problemen. Und nun stehen viele Veränderungen bevor, die vielleicht nicht den Umzug allein betreffen; denn ein neuer Ort kann gleichzeitig Anlass sein, die Unternehmensstruktur zu verändern – vielleicht hat die Unternehmensphilosophie ja bereits die Architektur beeinflusst. Mit den folgenden Zitaten können Sie die Anstrengungen der vergangenen Jahre würdigen, Ihren Optimismus für die Zukunft ausdrücken oder die Implikationen der Architektur des neuen Gebäudes thematisieren.

> Sei mir getrost, nach trüben und widerwärtigen Tagen eilet des sanften Glücks frohere Stunde herbei.
>
> *Properz, röm. Elegiendichter, 50– ca. 16 v. Chr.*

> Die Umgebung, in der sich der Mensch den größten Teil des Tages aufhält, bestimmt seinen Charakter.
>
> *Antiphon, griech. Redner, ca. 480–411 v. Chr.*

> Kleinliche Gebäude beherbergen kleinliche Gedanken.
>
> *John D. Rockefeller, amer. Industrieller, 1839–1937*

> Man feiere nur, was glücklich vollendet ist. Alle Zeremonien zum Anfang erschöpfen Lust und Kräfte, die das Streben hervorbringen.
>
> *Johann Wolfgang von Goethe, dt. Dichter, 1749–1832*

Drei Dinge sind an einem Gebäude zu beachten: dass es am rechten Fleck stehe, dass es wohlgegründet, dass es vollkommen ausgeführt sei.

Johann Wolfgang von Goethe, dt. Dichter, 1749–1832

Um wirklich glücklich zu sein, muss man eine Aufgabe und eine große Hoffnung haben.

Ricarda Huch, dt. Schriftstellerin, 1864–1947

Ist die Phantasie oder die Phantasielosigkeit der modernen Architekten grauenhafter?

Erich Brock, dt. Schriftsteller, 1889–1976

Die Architektur ist erstarrte Musik.

Friedrich Wilhelm von Schelling, dt. Philosoph, 1775–1854

Architektur ist die Kunst, Platz zu verschwenden.

Philip C. Johnson, amer. Architekt, geb. 1906

Düstere Fenster sind oft ein klarer Beweis.

Stanislaw Jerzy Lec, poln. Lyriker, 1909–1966

Niemand möchte im Kuchen die Hefe schmecken, obwohl sein Teig gerade dank der Hefe wuchs.

Stanislaw Jerzy Lec, poln. Lyriker, 1909–1966

Doch der Erfolg ruht in des Himmels Hand.

Friedrich Schiller, dt. Dichter, 1759–1805

Wer Dinge hastig erledigt, wird sein Ziel nicht erreichen. Wer gierig nach kleinen Gewinnen ist, wird keine großen Dinge vollbringen.

Chinesisches Sprichwort

So selten kommt der Augenblick im Leben, der wahrhaft wichtig ist und groß.

Friedrich Schiller, dt. Dichter, 1759–1805

Wo das Glück einmal einkehrt, da greift es leicht um sich.

Gottfried Keller, schweizer. Schriftsteller, 1819–1890

Wähle das Beste, Gewohnheit wird es angenehm und leicht machen.

Pythagoras, griech. Mathematiker und Philosoph,
ca. 570–480 v. Chr.

In der modernen Architektur stört der Mensch, die Natur sowieso.

Friedensreich Hundertwasser, österr. Maler, 1928–2000

Dreimal umgezogen ist so gut wie einmal abge-brannt.

Benjamin Franklin, amer. Schriftsteller, Naturwissenschaftler
und Politiker, 1706–1790

Bei jeder Art von Entwicklung besteht der bleibende Ruhm darin, den Grundstein gelegt zu haben.

Ernest Renan, frz. Schriftsteller, 1823–1892

Wir müssen danach streben, Natur, Gebäude und Menschen in einer höheren Einheit zusammenzu-bringen.

Le Corbusier, frz.-schweizer. Architekt, 1887–1965

Kunstwerke, die der Betrachtung und dem Gedanken ohne Rest aufgehen, sind keine.

Theodor W. Adorno, dt. Philosoph, 1903–1969

Die Kunst ist eine Vermittlerin des Unaussprechlichen; darum scheint es eine Torheit, sie wieder durch Worte vermitteln zu wollen.

Johann Wolfgang von Goethe, dt. Dichter, 1749–1832

Soll ein Baum kräftig und sicher zum Himmel gedeihen, so muss er fest und beharrlich im Boden wurzeln.

Nikolaus Lenau, österr. Dichter, 1802–1850

Durch Weisheit wird ein Haus gebaut und durch Verstand erhalten.

Sprüche 24,3

Firmenjubiläum

Ein Firmenjubiläum ist natürlich Anlass für einen Rückblick, aber auch Anlass, sich über die aktuelle Situation des Unternehmens oder über Wirtschaft und Politik allgemeine Gedanken zu machen. Sie finden in diesem Kapitel deshalb auch Zitate, die sich mit der Marktwirtschaft befassen, auf die Problematik von Geschichte und Geschichtsschreibung hinweisen oder zu Ihrer Unternehmensgeschichte und -tradition passen.

Erzähle mir die Vergangenheit und ich werde die Zukunft erkennen.

Konfuzius, chin. Philosoph, 551–479 v. Chr.

Der Unterschied zwischen Gott und den Historikern besteht hauptsächlich darin, dass Gott die Vergangenheit nicht mehr ändern kann.

Samuel Butler, engl. Schriftsteller, 1612–1680

Zum Erwerben eines Glücks gehört Fleiß und Geduld, und zur Erhaltung desselben gehört Mäßigung und Vorsicht. Langsam und Schritt für Schritt steigt man eine Treppe hinauf. Aber in einem Augenblick fällt man hinab, und bringt Wunden und Schmerzen genug mit auf die Erde.

Johann Peter Hebel, dt. Dichter, 1760–1826

Der Fortschritt besteht nicht darin, das Gestern zu zerstören, sondern seine Essenz zu bewahren, welche die Kraft hatte, das bessere Heute zu schaffen.

José Ortega y Gasset, span. Kulturphilosoph, 1883–1955

Die Geschichte der Kritik ist dazu da, zu beweisen, wie fehlbar die zeitgenössische Kritik ist.

William Somerset Maugham, engl. Schriftsteller, 1874–1965

Wer sich übt im Staunen-Können, im Sich-
freuen-Können, wird im hohen Alter noch frisch
sein.

Platon, griech. Philosoph, ca. 428–348 v. Chr.

Wenn Gerüchte alt werden, werden sie Mythos.

Stanislaw Jerzy Lec, poln. Lyriker, 1909–1966

Der vernünftige Mensch passt sich der Welt an;
der unvernünftige besteht auf dem Versuch, die
Welt sich anzupassen. Deshalb hängt aller
Fortschritt vom unvernünftigen Menschen ab.

George Bernard Shaw, irischer Schriftsteller, 1856–1950

Eine Chance zu sehen, ist keine Kunst. Die Kunst
ist, eine Chance als erster zu sehen.

*Benjamin Franklin, amer. Schriftsteller, Naturwissenschaftler
und Politiker, 1706–1790*

Wie macht's am sichersten des Staates Ober-
                                         haupt,
dass unerschütterlich er seine Herrschaft
                                         stützt?
Wenn Redefreiheit er erlaubt
und seine Bürger vor dem Unrecht schützt.

Plutarch, griech. Schriftsteller, ca. 46–120

Weil es im Menschen zwischen Erinnerung und
Sehnsucht klafft, haben wir die Einfälle. Das Tier
hat keine.

Rudolf Kassner, Kulturphilosoph, 1873–1959

Warum sollte man nicht auch nachdenkliche Töne bei einer Jubiläumsfeier anschlagen, die über den Tellerrand der eigenen Unternehmenspolitik hinausreichen:

> Das Fortschreiten der technischen Mittel ist von einem Prozess der Entmenschlichung begleitet. Der Fortschritt droht das Ziel zunichte zu machen, das er verwirklichen soll – die Idee des Menschen.
>
> *Max Horkheimer, dt. Philosoph, 1895–1973*

> Gedenke der Quelle, wenn du trinkst.
>
> *Chinesisches Sprichwort*

> Glück ist Talent für das Schicksal.
>
> *Novalis, dt. Dichter der Romantik, 1772–1801*

> In die Zukunft schauen ist schwer; in die Vergangenheit rein zurückblicken noch schwerer. Ich sage: rein, d. h. ohne von dem was in der Zwischenzeit sich begeben oder herausgestellt hat, etwas in den Rückblick mit einzumischen.
>
> *Franz Grillparzer, österr. Schriftsteller, 1791–1872*

> Ältere Freundschaften haben vor neuen hauptsächlich voraus, dass man sich schon viel verziehen hat.
>
> *Johann Wolfgang von Goethe, dt. Dichter, 1749–1832*

Früher brauchten Unternehmen Wagemut und Augenmaß. Heute brauchen sie Marktforschung und Werbeagenturen.

Helmut Schmidt, dt. Politiker (SPD), geb. 1918

Marktwirtschaft soll die Demokratie ergänzen, nicht aber ersetzen.

Hans Küng, schweizer. katholischer Theologe, geb. 1928

Das Außerordentliche geschieht nicht auf glattem, gewöhnlichem Wege.

Johann Wolfgang von Goethe, dt. Dichter, 1749–1832

Tüchtigkeit schwebt in ständiger Angst vor dem Geist. Da dieser weht, wo er will, sucht der Tüchtige rechtzeitig vor ihm Türen und Fenster zu verschließen. Solche Verschlüsse sind feste Vorsätze, Programme, juristische Bestimmungen, moralische Vorurteile, schließlich auch Nüchternheit.

Carl August Emge, dt. Schriftsteller, 1886–1970

Wohl dem, der seiner Väter gern gedenkt …

Johann Wolfgang von Goethe, dt. Dichter, 1749–1832

Wenn man die Menschen regieren will, darf man sie nicht vor sich her treiben; man muss sie dazu bringen, einem zu folgen.

Montesquieu, frz. Schriftsteller und Staatsphilosoph, 1689–1755

Das Schicksal kann Reichtümer, aber nicht den Geist rauben.

Lucius Annaeus Seneca, röm. Politiker, Philosoph und Dichter,
ca. 4 v. Chr. – 65 n. Chr.

Die Stätte, die ein guter Mensch betrat, ist ein-
geweiht;
Nach hundert Jahren klingt
Sein Wort und seine Tat dem Enkel wieder.
Der Rost macht erst die Münze wert.

Johann Wolfgang von Goethe, dt. Dichter, 1749–1832

Auf den leeren Seiten der Geschichte sind die glücklichen Tage der Menschheit verzeichnet.

Leopold von Ranke, dt. Historiker, 1795–1886

Literatur

Wir danken den Verlagen, die uns freundlicherweise gestattet haben, ihre Autoren zu zitieren. Natürlich kann ein einzelnes Zitat niemals die Lektüre eines ganzen Buches ersetzen. Wir empfehlen unseren Lesern, sich doch das eine oder andere Buch der hier zitierten Autoren zu kaufen und darin zu stöbern. Sicher finden Sie weitere interessante Passagen, die Sie in Ihrer nächsten Rede zitieren können.

Brecht, Bertolt: Werke. Aufbau und Suhrkamp, Berlin, Weimar und Frankfurt am Main 1995

Brock, Erich: Des Lebens Linien. Aphorismen. Classen, Zürich, Stuttgart 1975

Duden. Zitate und Aussprüche. Dudenverlag, Mannheim 2002

Ebner-Eschenbach, Marie von: Aphorismen. Reclam, Stuttgart 1988

Fieguth, Gerhard (Hrsg.): Dt. Aphorismen. Reclam, Stuttgart 1998

Frisch, Max: Gesammelte Werke in zeitlicher Folge. Suhrkamp, Frankfurt am Main 1998

Gernhardt, Robert: Besternte Ernte. Gedichte. Fischer, Frankfurt am Main 2000

Gernhardt, Robert: Wörtersee. Gedichte. Fischer, Frankfurt am Main 1996

Iacocca, Lee: Iacocca. Eine amerikanische Karriere. Econ, München 2002

Jenewein, Wolfgang P.; Dinger, Helmut: Erfolgsgeschichten selber schreiben. Carl Hanser Verlag, München 1998

John, Johannes: Reclams Zitaten-Lexikon. Reclam, Stuttgart 2004

Knischek, Stefan (Hrsg.): Lebensweisheiten berühmter Philosophen. Humboldt, Baden-Baden 2005

Kraus, Karl: Aphorismen (Schriften, Bd. 8). Suhrkamp, Frankfurt am Main 1986

Le Fort, Gertrud von: Aphorismen. Ehrenwirt, München 1991

Lec, Stanislaw Jerzy: Sämtliche unfrisierte Gedanken. Sanssouci, München 1999

Magyar, Kasimir M.; Prange, Peter: Zukunft im Kopf. Wege zum visionären Unternehmen. Haufe Verlag, Freiburg 2002

Montesquieu: Meine Gedanken. Mes pensées. Aufzeichnungen. Carl Hanser Verlag, München 2000

Musil, Robert: Gesammelte Werke. Rowohlt, Reinbek bei Hamburg 1978

Pruys, Karl Hugo: Ich rede, also bin ich. Sprache ohne Sprüche. edition q, Berlin 2000

Russell, Bertrand: Moral und Politik. Fischer Verlag, Frankfurt am Main 1992

Schnitzler, Arthur: Gesammelte Werke: Aphorismen und Betrachtungen. S. Fischer, Frankfurt am Main 1983

Tucholsky, Kurt: Schnipsel. Rowohlt, Reinbek bei Hamburg 1995

v. Pierer, Heinrich; v. Oetinger, Bolko: Wie kommt das Neue in die Welt? Fachbuchverlag, Leipzig 2002

Waggerl, Karl Heinrich: Kleine Münze (Sämtliche Werke, Bd. 2). Otto Müller, Salzburg 1970

Stichwort- und Autorenverzeichnis

Bibliografische Information der deutschen Bibliothek

Die Deutsche Bibliothek verzeichnet diese Publikation in der Deutschen Nationalbibliografie; detaillierte bibliografische Daten sind im Internet über http://dnb.ddb.de abrufbar.

ISBN 978-3-448-08588-4
Bestell-Nr. 00700-0003

3., aktualisierte Auflage 2007

© 2007, Rudolf Haufe Verlag GmbH & Co. KG, Niederlassung Planegg/München
Postanschrift: Postfach, 82142 Planegg
Hausanschrift: Fraunhoferstraße 5, 82152 Planegg
Fon 089 89517-0, Fax 089 89517-290
E-Mail: online@haufe.de
Internet: www.haufe.de
Lektorat: Dr. Ilonka Kunow
Redaktion: Jürgen Fischer
Redaktionsassistenz: Christine Rüber

Satz + Layout: Agentur: Satz & Zeichen, Karin Lochmann, 83129 Höslwang
Umschlaggestaltung: Agentur Buttgereit & Heidenreich, 45721 Haltern am See
Druck: freiburger graphische betriebe, 79108 Freiburg

Zur Herstellung der Bücher wird nur alterungsbeständiges Papier verwendet.

Die Autorin

Gisela Fichtl
studierte deutsche und französische Literaturwissenschaften und Philosophie in München. Nach PR- und Schulungstätigkeit in der Industrie heute als Buch- und Zeitschriftenredakteurin selbstständig; Arbeitsschwerpunkte: Management und klassische Literatur. Von Gisela Fichtl stammt auch der TaschenGuide „Zitate für Beruf und Karriere".

Weitere Literatur

„Grüße und Glückwünsche. Wie sage ich's richtig?", von Frank Rosenbauer. 128 Seiten, € 6,90. Haufe TaschenGuide, ISBN 978-3-448-07911-1, Bestell-Nr. 00922-0001.

„Motivation. Instrumente der Führung und Verführung", von Rainer Niermeyer. 3. Auflage, 200 Seiten, € 24,95. Kienbaum bei Haufe, ISBN 978-3-448-07843-5, Bestell-Nr. 00195-0003.

„Machtspiele. Die Kunst, sich durchzusetzen", von Matthias Nöllke. 232 Seiten, € 19,80. Haufe, ISBN 978-3-448-08053-7, Bestell-Nr. 00088-0001.

TaschenGuides – Qualität entscheidet